KB023827

알고싶대 05

자꾸 생각나면 중독 인가요?

나쁜 습관이 중독이 되기까지, 십 대를 붙잡는 중독 이야기

김관욱 글 ― 김예지 그림

풀빛

중독에서 자유로운
내가 되는 길

안녕하세요, 여러분! 반가워요. 저는 오랫동안 흡연을 연구해 온 가정의학과 의사이자 인류학 교수입니다. 흡연을 연구하다 보니 어느 순간 흡연을 하는 이유는 흡연하는 사람의 숫자만큼 다양할 수 있다는 생각을 하게 되었어요. 이말은 곧, 흡연 습관을 버리고 건강한 생활을 하게 도와줄 수 있는 확실한 모범 답안은 존재하지 않는다는 뜻이기도 합니다. 어떠한 중독이든 모두에게 해당하는 정답은 없다는 것을 깨닫게 되었죠.

하지만 이런 어려움에도 제가 10년 넘게 흡연 연구를 지속해 왔던 이유는 저의 할아버지와 아버지를 포함해서 가까운 친척 중에 오랜 흡연 생활으로 각종 암이 발생해서 큰 수 술을 받거나 결국 돌아가신 분들이 많기 때문입니다. 제가 조금만 일찍 의사가 되었더라면, 그래서 좀 더 많은 이야기를 늦지 않게 전달해 주었다면 더욱 건강하게 가족 곁에서 함께 하시지 않았을까 후회를 하곤 합니다.

이미 많은 학자들이 어떠한 중독이든 어린 나이부터 올바른 지식과 경험을 쌓는 것이 가장 중요한 예방책이라고 설명합니다. 그런데 많은 청소년들이 중독은 나의 일이 아니라고 쉽게 생각할 수 있습니다. 그저 주의가 필요한 습관 정도로 가볍게 생각하거나, 또는 나는 절대로 빠지지 않을 상관없는 일이라고 무시할 수도 있을 겁니다. 하지만 중독은 술과 담배 및 각종 약물(살 빼는 약, 공부 잘하는 약, 파티드럭, 펜타닐 등)에 대한 물질 중독에서부터 스마트폰 과의존, 인터넷 게임 중독 및 도박 장애 등과 같은 행위 중독에 이르기까지 매우 다양한 형태로 우리 일상 곳곳에 자리하고 있습니다.

중독은 기본적으로 '나의 의지와 상관없이 자꾸만 하고 싶은 충동(강박)'이 생기고, '조금만 해서는 만족하지 못하는 불만족 상태(내성)'이며, '무언가를 하지 못할 때 참을 수 없는 초조함(금단)'이 발생한 상태를 말합니다. 2022년에 발표된 과학기술정보통신부의 스마트폰 과의존 분야 실태 조사에 의하면 청소년 40퍼센트가 스마트폰 과의존 위험군이라고 합니다. 즉, 10명 중 4명의 청소년이 목적 없이 스마트폰을 사용하면서 많은 시간을 빼앗기고 있고, 스마트폰이 없으면 불안하고 초조한 상태에 빠져 있는 것이죠. 지금 이 글을 읽고 있는 많은 청소년들도 여기에 해당할 것 같습니다.

그런데 어디까지 나의 의지이며, 만족의 기준은 무엇이고, 불안함은 얼마나 커야 문제가 되는지 이 모든 것들이 일상에서는 모호해 보일 겁니다. 중독이 무서운 것은 이처럼 모호한 기준선을 나도 모르는 순간에 넘어가 버릴 수 있기 때문입니다. 중독은 청소년에게 특히 2가지 측면에서 위험합니다. 첫째, 어떤 종류의 중독이든 쉽게 빠질 수 있는 위험성이 상대적으로 큰 시기이고 둘째, 뇌가 빠르게 발달하는 시기여서 중독의 영향이 더욱 치명적입니다.

이렇게 중요한 사안임에도 불구하고 청소년들의 중독 문제에 대한 설명이나 도움을 쉽게 찾을 수 없는 상황입니다. 반면 2023년 초에 고등학생이 스마트폰 메신저를 통해 불법 마약을 쉽게 구매하는 사례들이 보고되는 등, 청소년이 각종 중독 물질 및 행위에 무방비로 노출되는 경우는 늘고 있습니다. 이러한 현실에 대한 우려가 제가 이 책을 집필하게 된 가장 큰 이유입니다.

이번 책은 바로 이러한 상황에서 좀 더 쉽게 중독에 대해 이해할 수 있도록 구성해 보았어요. 우선 1장, 2장에서는 도대체 중독이 무엇이고 습관과 어떤 차이가 있는 것인지 개념부터 설명합니다. 3장, 4장에서는 중독이 왜 조절이 어려운지, 왜 그렇게 위험하다고 이야기하는지에 대해 다루어 보았습니다. 5장에서는 왜 중독이 청소년에게 특히 나쁜 것인지, 6장에서는 각종 중독의 종류에 대해서 자세히 살펴봅니다. 7장에서는 인터넷 및 스마트폰 중독에 대해서 소개합니다. 8장, 9장에서는 누가 중독에 잘 빠지게 되는지, 그러한 중독에서 빠져나오기 위해서 어떻게 해야 하는지를 다룹니다. 마지막으로 10장에서는 중독과 나쁜 습관에서 벗어나 좋은 습관을 가질 수 있는 방법들을 소개해 보았습니다.

한 권의 책을 통해 중독의 모든 이야기를 담는 것은 불가능할지 모릅니다. 책을 읽는 여러분 모두가 각자의 삶이 있고, 그에 따른 다양한 기쁨과 슬픔이 있을 거라 생각합니다. 바라건대 이 책을 통해 후회할지 모르는 선택을 미리 예방하고, 이미 후회하고 있는 잘못된 선택으로부터 하루빨리 벗어날 수 있기를 바라봅니다.

차례

1

좋아하고 많이 하면
모두 중독인가요?

그렇지 않습니다.
어떻게 좋아하고 많이 한다고
전부 중독이겠어요.

중독은 '무엇을', '얼마나' 하느냐,

그리고 '주변 사람'과의

관계가 중요합니다!

제 경험을 먼저 들려줄게요. 초등학교 6학년 때, 학교 앞에서 하는 오락실 게임에 푹 빠진 적이 있었어요. 지금 생각하면 터뜨리고, 부수고, 싸우는 단순한 게임이었는데 그게 왜 그렇게 재미있었는지 모르겠어요. 한 번 오락실 의자에 앉으면 몇 시간이 지나가도 모를 정도였어요. 그때는 용돈이 그리 많지 않던 시절이어서 금방 하루치를 다 써 버리고는 했어요. 게임에 흠뻑 빠지게 되자 결국에는 집으로 갈 때 써야 할 버스 승차권까지 오락실 주인아저씨한테 팔고 오락에 매달리기 시작했어요. 그런 날은 집까지 한 시간 넘게 걸어서 가야만 했죠.

그렇게 게임에 완전히 빠져들던 어느 날이었어요. 이상하게도 한 번도 그런 적이 없었는데, 처음으로 게임 속 캐릭터가 아닌 스크린 위에 비친 제 얼굴이 눈에 들어왔어요. 아주 짧은 순간이었는데 마치 무엇에 홀린 듯한 제 눈을 목격

하게 되었죠. 그 순간 정말 섬뜩한 기분이 들었어요. 내가 아닌 것 같은 기분 말이죠. 어린 나이였지만 그때 처음으로 무언가 잘못되었다는 것을 느꼈어요. 내가 정말 좋아하고, 그래서 많이 했던 오락 게임이 나를 괴물로 만들어 버릴 수도 있다는 것을 말이죠. 그 순간 정말 전기에 감전된 듯 화들짝 놀라 자리에서 벌떡 일어났어요. 그러고는 책가방을 챙겨서 오락실을 뛰쳐나왔어요. 그날 이후로 지금까지 단 한 번도 오락 게임을 한 적이 없어요. 좋아하던 것에 지나치게 빠져 버리는 것이 얼마나 무서운 일인지, 그리고 내가 날 조절할 수 없는 순간이 얼마나 무서운 것인지를 다행히 일찍 깨달은 것이었죠.

중독, '무엇'을 하느냐가 중요하다

자, 이렇게 저 역시 어린 시절에 좋아하는 것을 지나칠 정도로 많이 해 본 경험이 있어요. 그런데 그것을 전부 중독이라거나, 무조건 나쁘게 볼 필요는 없어요. 저는 초등학교 시절부터 농구도 너무 좋아했고, 만화책도 무척 좋아했어요.

그렇지만 이것들에 중독되었다고 친구들이나 부모님이 반대하지는 않았어요. 물론 너무 많은 시간을 그것에 빼앗긴 상태일 때는 짧게 경고를 하는 정도였죠. 왜냐하면 농구나 만화책 읽기는 취미로 생각할 수 있고, 그 자체가 나쁜 것만은 아니었으니 말이죠. 만약 제가 독서나 수학 공부를 좋아해서 많은 시간을 쏟았다면 그것을 중독이라고 나무라는 사람은 없을 겁니다. 반대로 좋은 습관이자 취미라고 칭찬을 받겠죠. 자, 그럼 이제 무엇을 중독이라 말하는지, 그 기준에 대해 약간 감이 오죠?

물론 의학에서 중독을 진단하는 기준이 있어요. 예를 들면 자꾸만 하고 싶고(강박), 조금만 해서는 만족하지 못하며(내성), 하지 않을 때 불안하고 초조하다(금단) 등 말입니다. 이런 것들은 차차 이야기할게요. 중독을 이야기할 때 좋아하고 많이 하는 것이 '무엇'인지가 가장 중요합니다. 중독은 '무엇'을 빼고는 말할 수 없어요. 어느 사회에서든 도덕, 법, 의학과 같은 기준에 의해서 금지된 것들이 있어요. 아주 쉽게 생각해서 도박이나 마약 같은 것은 금지되어 있잖아요. 여기서 더 쉽게 이야기하면 이런 겁니다. 만일 부모님께 당당하게 드러낼 수 있는 행동이라면, 당연히 중독에 해당하지는 않겠죠. 반면 부모님께는 절대로 알리고 싶지도, 들키고 싶지도 않은 행동이 있다면 그것 자체가 답이 될 수도 있을 겁니다. 그러니까 어떤 학생이 "이것도 중독이에요?"라고 질문을 던졌다면, 아마도 이미 스스로 그 답을 알고 있지 않을까요?

그럼 예로 독서를 생각해 봅시다. 독서의 경우도 어떤 책이냐가 중요해요. 지식과 지혜를 쌓을 수 있는 책이라면 많이 읽는다고 혼내는 부모님은 없을 거예요. 다만 지나치게 폭력적이고 외설적인 책은 좋은 습관의 대상으로 생각하지 않겠죠. 왜일까요? 바로 '해로움' 때문이에요. 그러한 책은 자신은 물론 주변 사람들 모두에게 해로운 것이니까요. 그런데 이렇게 이야기하는 친구도 있을 거예요. "선생님, 그 정도는 우리도 판단할 수 있어요!"

정말 그럴까요? 요즘처럼 스마트폰을 통해서 어렵지 않게 매우 폭력적인 영상과 이야기들을 접할 수 있는 상황이라면 정말 장담하기 어려울 겁니다. 왜냐구요? 좋은 것만 보고 중독에 빠지지 않으려 노력하는 사람들도 있지만, 반면에 정말 화가 나게도 해롭고 나쁜 것들을 더 많이 보고 즐기도록 유도하는 나쁜 어른들이 항상 존재하기 때문이에요.

그리고 그들의 목적은 우리를 결국 중독에 빠지게 해서 소비하게 만드는 것이죠.

중독, '얼마나' 하느냐가 중요하다

정말 '라떼' 이야기를 하기 싫지만, 인터넷 연결이 어렵고 스마트폰뿐만 아니라 휴대폰이라는 것이 존재하지 않았던, '인터넷 중독'이라는 말조차 없던 시절이 있었어요. 90년대 중반만 하더라도 인터넷으로 이메일을 보내기 위해서는 집에서 컴퓨터를 켜고 오랜 시간 동안 네트워크에 접속되기를 기다려야 했습니다. 지금은 어느 곳에서든 스마트폰 배터리만 충분하다면 인터넷에 접속할 수 있습니다.

그런데 바로 이 편리함이 '중독'의 중요한 기준을 충족시키게 만들었습니다. 그 기준은 '얼마나' 하느냐입니다. 물론 시간의 절대적 기준은 없어요. 중요한 것은 지나치게 빠져들어 너무 오랜 시간을 하게 되었을 때 결국 **'일상생활을 방해'** 하게 되느냐예요. 많이 한다고 전부 중독이라고 할 수 없죠. 그것을 통해 자신의 생활에, 나아가 주변 사람과의 관계에 지장이 생기기 시작한다면 반드시 스스로를 돌아봐야 해요. 예를 들면 우리의 하루는 24시간으로, 해야 할 일들이 많습니다. 사람은 충분한 수면을 취해야 합니다. 그리고 때가 되면 식사도 해야 하고, 학생이라면 당연히 학교 수업과 학업을 중요하게 생각해야 합니다. 그런데 자신이 좋아하는 일을 하느라 이 모든 시간들에 지장을 준다면 좋아하는 일은 결국 자신에게 해로운 행동이 될 수밖에 없어요.

여기서 해롭다는 이야기는 일종의 방해가 된다는 말이에요. 가야 할 길을 막고 있는 장벽 같은 겁니다. 예를 들면, 인터넷 중독과 관련해서 **'시간 탕진'**이라는 표현이 있어요. 영어로 'time suck'이라고 합니다. 내가 일상을 위해 사용해야 할 시간들을 진공청소기가 물건을 빨아들이듯 흡입(suck)하는 것을 비유한 표현이에요. 즉, 인터넷에 빠져 있는 것 자체도 몸과 마음에 나쁜 영향을 줄 수 있지만 바로 그 시간 동안에 학생으로서, 친구로서, 가족으로서 그리고 사람으로서 해야만 하는 기본적인 활동들을 할 시간을 빼앗기는 것 역시 매우 중요한 중독의 해로움이죠.

여러분이 모두 알고 있는 스마트폰 기능을 예로 들어 볼까요? 스마트폰 화면을 손가락으로 아래로 끌어당기면 새로

운 영상과 내용들이 다시금 채워지는 기능을 다들 알고 있을 거예요. 그 기능(일명 '당겨서 새로고침(pull to refresh)')을 만든 개발자 로렌 브리히터 씨가 스마트폰 사용을 쉽게 만들어서 많은 사람들을 중독에 빠져들게 만든 자신의 개발에 대해 깊이 반성하고 있다면 믿어지나요? 물론 좋아하는 가

수의 영상을 보는 것 그 자체는 나쁘지 않아요. 하지만 해야 할 일을 뒤로 미룬 채 아무 생각 없이 계속해서 새로고침을 하며 영상만 보고 있는 것은 바로 '인터넷 중독'이라 할 수 있습니다.

중독, '주변 사람'이 중요하다

자, 이제 중독이 어떤 것인지 어느 정도 느낌이 오나요? 정리하자면 가장 먼저 내가 무엇을 얼마나 많이 하는지부터 고민해 보아야 해요. 왜냐하면 그것은 해로움의 중요한 기준이기 때문이죠. 그리고 이 모든 것은 결국 자신과 '주변 사람'과의 관계에서 오는 문제이기도 해요. 만일 여러분이 외딴섬에서 홀로 살아가고 있다면 무엇을 얼마나 하느냐는 전혀 문제가 되지 않겠죠. 하지만 여러분은 혼자 살고 있지 않습니다. 가족부터 친구에 이르기까지 많은 사람들과 함께 살아가고 있기 때문에 그들과 어떻게 지내느냐도 매우 중요합니다.

의학에서 치료해야 하는 중요한 상태로 판단하는 중독의

결정적 기준도 바로 다른 사람과의 생활에 심각한 문제가 생겼는가입니다. 만일 여러분이 좋아하는 일을 하면서 그것을 자주 반복하는 것 때문에 주변 사람과 다툰다면 그것은 심각하게 해결해야 할 중독의 문제일 수 있어요. 그리고 이것은 곧 '여러분'이 중요하다는 뜻이기도 합니다. 내가 나를 얼마나 아끼고 있는지가 중독의 핵심이기도 해요.

내가 좋아하고 많이 하고 있는 일이 정말로 나에게 해로운 것이 아닌지 스스로에게 질문을 던져 보아야 합니다. 여러분도 제가 초등학교 시절에 그랬던 것처럼 스크린 화면을 통해 자신의 낯선 모습을 보고 있는 건 아닌가요? 만일 그렇다면, 그것은 우리가 중독이라고 부르는 경고 신호등이 빨갛게 켜진 상태입니다.

 생각해 봅시다

1. 요즘 가장 많이 시간을 투자하는 활동은 무엇인가요?

2. 안 하고 있을 때 자꾸 생각나는 '무엇' 3가지를 써 보세요.

3. 내가 좋아하는 것 때문에 주변 사람과 다툰 적이 있는지 생각해 보세요.

2

습관하고 중독이
뭐가 다르죠?

중독은
'충동, 불만족, 초조 불안'이라는
특징을 지니고 있어요.

순간의 쾌감보다

일상의 여유를 즐길 줄 아는 것이

건강하답니다.

"선생님, 저는 습관하고 중독이 뭐가 다른지 모르겠어요. 그냥 사소한 습관도 좀 나쁘다고 해서 다 중독이라고 할 수 있나요? 혹은 중독이 될까 걱정해야 하나요?"

정말 자주 듣는 질문이에요. 습관과 중독의 차이에 대한 궁금증 말이죠. 사실 의학적으로 그 차이는 아주 명확해요. 중독의 종류마다 그것을 판단하는 세세한 기준들은 다르지만 공통적으로 3가지 큰 특징을 지니고 있어요. 그건 바로 강박, 내성, 금단이에요. 의학 용어들이라 어려울 수 있는데 쉽게 설명하면 충동, 불만족, 초조 불안을 말해요. 저는 이것을 앞으로 **'중독의 3박자'**라 부를 거예요. 아래에 이들에 대한 설명을 적어 놓았어요.

첫째, '강박'은 '충동'이에요. 내 의지와 상관없이 자꾸만 하고 싶은 충동 말이에요.

둘째, '내성'은 '불만족'이에요. 조금만 해서는 만족하지 못하는 불만족 상태예요.

셋째, '금단'은 '초조 불안'이에요. 무언가를 하지 못할 때 찾아오는 참을 수 없이 초조하고 불안한 상태예요.

자, 이 3가지 특성을 습관과 한번 비교해 볼까요? 여러분에게 아침에 일어나면 찬물 1잔을 마시는 습관이 있다고 생각해 봅시다. 잠도 깨고 건강에도 좋다고 생각해서 마시던 것이 어느새 아침의 첫 일과가 된 상황이에요. 그러던 어느 날 아침에 늦잠을 자는 바람에 급하게 세수만 하고 교복을 입고 집을 나왔어요. 다행히 학교에 늦지 않게 도착해서 한숨을 놓았죠. 이때 여러분은 찬물을 마시지 않았다는 것을 알아채고 있었을까요? 대부분은 너무 급한 나머지 그런 생각을 할 여유가 없었을 겁니다. 1분 1초가 급한 상황에서 세수와 옷 갈아입기를 미룬 채 찬물부터 찾는 사람은 아마 없을 거예요. 학교에 가서도 얼마든지 물을 마실 수 있다고 생각하니까요. 그러니 찬물 습관에 대한 '충동(강박)'은 없는 것입니다.

그렇게 헐레벌떡 등교했는데 마침 첫 수업이 시작되어서

물을 마실 기회를 놓쳤다고 합시다. 그렇게 시간이 조금씩 흐른다고 해도 물을 마시지 못해 온몸이 초조하게 떨리거나 불안해서 가만히 앉아 있지 못할 정도는 아닐 겁니다. 이 경우, '초조 불안(금단)'도 없는 겁니다. 그리고 마지막으로 매일 아침 찬물을 마시는 습관이 반복된다고 해서 마시는 물의 양이 증가하지는 않을 거예요. 일 년 전에 작은 물 컵 1잔으로 만족했었는데 지금은 몇 잔을 마셔야만 만족하지는 않을테니까요. 그러니 '불만족(내성)'도 없는 것이죠. 결국 찬물을 마시는 습관은 중독이라 할 수 없는 겁니다. 이제 습관과 중독의 차이를 알 것 같죠?

스스로 조절이 불가능한 중독의 3박자

그럼 이 3가지가 왜 그렇게 중요할까요? 여러분 중에는 이렇게 쉽게 생각하는 사람도 있을 거예요. 습관이 중독이 되기 전에 멈추면 된다고 말이죠. 그런데 생각처럼 쉽게 된다면 아무도 중독을 걱정하지는 않겠죠? 사실 중독의 3박자는 생각만으로는 조절하기 어려운 특징들을 설명한 것들이에요. 어느 순간 자신도 모르게 충동, 불만족, 초조 불안의 상태에 빠져 버리는 것이죠. 아래에 소개할 쥐 실험을 통해 좀 더 자세히 이야기해 볼게요.

캐나다 맥길 대학교의 심리학자 제임스 올즈(James Olds)와 피터 밀너(Peter Milner) 박사는 1954년에 쥐 실험을 했어요. 쥐의 뇌에 전류가 흐르는 전극을 연결하고 전류를 흐르게 하는 스위치를 쥐가 누를 수 있게 만든 겁니다. 조금 잔인하죠? 대부분의 쥐는 우연히 스위치를 눌렀을 때 번쩍하고 뇌에 전류가 흐르면 놀라서 도망갈 겁니다. 그런데 이상하게도 특정한 뇌 부위에 전극을 붙인 쥐는 먹이도 먹지 않은 채 쉬지 않고 스위치를 눌렀어요. 1시간에 600번, 하루 동안 4만 8천 번이나 반복하다가 26시간 만에 죽었다고 합니다.

자, 이 쥐의 경우 중독의 3박자가 그대로 생겨난 겁니다. 특정한 뇌 부위가 자극을 받으면서요. 계속하고 싶은 충동, 수백 수천 번도 만족할 수 없는 불만족, 그리고 하지 않으면 참을 수 없는 초조 불안, 바로 중독의 3박자입니다. 불행하게도 그 끝은 죽음인데도 말이에요. 이 실험을 통해서 중독이 발생하는 비밀 장소가 뇌에서 발견되었어요. 그 뇌의 부위를 일명 '쾌락 중추'라고 부릅니다.

사람은 어떨까요? 쥐보다는 똑똑하니 다를 것으로 생각하세요? 불행하게도 그렇지 않습니다. 사람의 머릿속에도 중독의 3박자를 만드는 '쾌락 중추'가 존재합니다. 그것이 작동하기 시작하는 순간 스스로 통제할 수 없는 자극을 위해 충동적으로 행동하게 됩니다. 몸이 망가지고 있는지도 모른 채 한순간의 쾌락에 빠져 버리는 것이죠. 정말 섬뜩하지 않나요?

지루한 일상에서 벗어나고 싶어서

그럼 우리는 이렇게 무서운 중독에 왜 빠지게 되는 걸까요? 쥐 실험의 경우 연구자가 만들어 놓은 조건에 쥐가 강제로 들어가 있어서 어쩔 수 없는 것이라면, 자유로운 우리는 어떤 이유로 중독에 빠지는 걸까요? 심심해서? 지루해서? 힘들고 괴로워서? 너무 스트레스가 많아서? 네, 맞습니다. 바로 그것 때문이에요. 심심함, 지루함, 괴로움, 스트레스 같은 것들이 너무 흔한 일이라서 이유가 아닐 거라고 생각할 수도 있습니다. 하지만 중독은 우리의 일상에서 아주 천천히 시작되곤 합니다. 실제로 중독에 대해 연구한 미국의 역사학자 데이비드 코트라이트(David T. Courtwright) 교수도 인류의 역사에서 중독의 원인으로 3가지를 꼽았어요. **지루함, 비참함, 그리고 스트레스!*** 습관적으로 행하거나 느끼는 그런 것들이 정말로 중독의 원인이 될 수 있답니다.

습관과 중독이 다른 건 바로 이런 점이 아닐까요? 습관적 행동은 그 목적 자체가 중독과 달라요. 습관은 짜릿한 쾌감을 위해 하는 것이 아니에요. 하지만 중독 행위는 다릅니다. 그 찰나의 전기 자극과도 같은 쾌감을 위해 많은 것을 포기하게 만들죠. 불행인지 모르겠지만 우리의 몸이, 더 정확히는 우리의 뇌가 그렇게 설계되어 있어요. 그러나 지루하고, 힘들고, 스트레스가 많다고 해서 뇌에 꼭 전기 자극과도 같은 강력한 쾌락을 줄 필요는 없습니다. 일상의 문제를 지혜롭게 해결할 수 있는 방법은 얼마든지 많으니까요.

많은 학자들이 중독의 특징은 '**서서히**'라고 강조합니다. 이와 관련해서 저는 종종 프랑스 요리 그레뉴이(Grenouille)를 예로 들고는 합니다. 이것은 개구리를 주재료로 한 요리

* 데이비드 T. 코트라이트 지음, 이시은 옮김, 《중독의 시대》, 커넥팅, 2020.

예요. 이 요리가 흥미로운 것은 바로 '개구리를 삶는 방법' 때문이죠. 개구리가 살기에 가장 적당한 온도는 약 15도예요. 처음에 적당한 온도의 물에 개구리를 넣은 다음 아주 천천히 온도를 올리면, 개구리는 물 밖으로 나가지 못하고 45도에 다다랐을 때 삶아져서 죽게 된다고 해요. 이것이 그레뉴이 요리의 비법이라고 합니다. 여기서 핵심은 '물의 온도'가 아니라 '끓이는 속도'입니다. 이러한 개구리의 속성을 빗대어 만들어진 '삶은 개구리 증후군(boiled frog syndrome)'이라는 심리학 용어도 있어요. 즉, 편안하고 안락한 환경에 익숙해져서 닥쳐오는 위험을 인식하지 못하거나 무시하게 되는 상태를 가리키는 말입니다.

여러분도 스트레스 해소를 위해, 혹은 지루하니까 이 정도의 행동은 괜찮을 거라고 생각하며 지내고 있지는 않나요? 마치 15도의 물속에서 개구리가 헤엄치듯이 말이죠. 하지만 중독은 자신도 모르게 서서히 빠져드는 것입니다. 자기도 모르게 삶아지는 개구리처럼 말이에요.

중독에 빠지지 않는 비밀, 즐겁고 포근한 일상

그럼 중독에 빠지지 않으려면 무엇이 중요할까요? 좋은 습관을 많이 만들어서 나쁜 습관이나 중독이 생기지 않도록 노력하면 된다고 생각할 수도 있을 겁니다. 즉, 튼튼한 방패를 가지고 있으면 아무리 나쁜 유혹의 공격이 있더라도 막을 수 있다고 말이죠. 맞는 말이에요. 그런데 여기에 비밀이 있어요. 좋은 습관을 만들기 위해서 가장 중요한 것은 바로 좋은 습관을 반복할 수 있는 '안정적인 상황'입니다. 상황이 안정되어 있지 않으면 좋은 습관을 만들기 어렵습니다. 이 말은 나쁜 습관, 중독에 빠지기 쉽다는 뜻이기도 합니다.

이와 관련해서 또 다른 유명한 쥐 실험을 소개해 줄게요. 일명 **'쥐 공원(rat park)'** 실험이에요. 1977년에 캐나다 심리학자 브루스 알렉산더(Bruce K. Alexander) 교수는 주변 환경이 중독에 어떤 영향을 주는지 쥐를 가지고 실험을 했어요. 교수는 2개의 실험 공간을 만들고 그곳에 각각 마약(모르핀)이 섞인 물통을 설치해 놓았어요. 우선 기존에 사용하던 일반적인 쥐 실험 공간을 하나 만들었어요. 좁고 아무 것도 없는 공간에 2개의 물통을 설치했는데 하나는 마약이 섞인 물통,

다른 하나는 물만 담긴 물통이었어요. 그리고 다른 하나의 공간은 일명 '쥐 공원'으로, 쥐가 살기에 너무나 좋은 환경을 만들어 놓았어요. 여유로운 공간에서 자유롭게 거닐 수 있게 했어요. 여기에 맛있는 치즈, 다양한 놀이 도구(양철, 캔, 바퀴 등)를 마련해 놓았어요.

이렇게 차이를 두고 진행한 실험에서 어떤 결과가 나왔을까요? 만약 쥐가 마약이 담긴 물을 몇 번 마시게 된다면 중독이 생겨서 그 물통을 더욱 많이 사용하겠죠. 실험 결과는 놀라웠어요. 일반적인 실험 공간에 속한 쥐가 쥐 공원에서 지내던 쥐보다 마약이 섞인 물을 무려 16배 이상 더 마

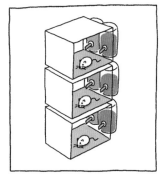

알렉산더 교수의 쥐 공원 실험.
왼쪽은 다양하고 풍부한 환경의 공원 환경, 오른쪽은 닫힌 공간이다.

섰다고 합니다. 알렉산더 교수는 이 결과를 통해 중독은 약물 자체의 특징보다 주변 환경에 의해 더 크게 영향을 받는다고 강조했어요. 이 실험은 어떤 교훈을 줄까요? 주변에 아무리 많은 중독의 유혹이 있다 하더라도 우리가 안정적이고 즐거운 환경에서 지내고 있다면 그런 유혹에 빠져들 위험이 적다는 뜻이겠죠. 여러분이 즐겁고 포근한 일상에서 지낼 수 있다면 사실 중독을 걱정할 일은 없을 거예요. 주변을 한 번 둘러보세요. 지루하다고 생각했던 하루하루에서 편안한 여유를 찾아 즐길 수 있다면 정말 좋지 않을까요?

 생각해 봅시다

1. 요즘 자신의 의지와 상관없이 자꾸만 하고 싶은 것이 있는지 생각해 보세요.

2. 최근 들어 못하게 하면 자꾸 초조하고 불안해지는 활동이 있나요?

3. 내가 가진 좋은 습관에는 무엇이 있는지 적어 보세요.

"여러분이 중독에 대해 안다고 생각하는 모든 것은 틀렸어요."

영국 베스트셀러 작가 요한 하리의 이야기

요한 하리(Johann Hari)는 옥스퍼드 대학을 나온 영국의 베스트셀러 작가입니다. 최근 국내에 《도둑맞은 집중력》이라는 책으로 많이 알려져 있습니다. 하리가 진행했던 2015년 TED 강연 〈Everything you think you know about addiction is wrong(여러분이 중독에 대해 안다고 생각하는 모든 것은 틀렸어요)〉은 현재까지 약 1,100만이 넘는 조회 수를 기록한 것으로 유명합니다. 그는 우리가 중독의 반대말을 '절제된 상태(중독되지 않은 맑은 정신 상태)'로 생각하는 것이 잘못되었다고 지적합니다. 하리가 생각하는 중독의 반대는 바로 '연결'입니다. 그에게 중독은 곧 '단절'(혹은 '고립')이지요.

하리는 이러한 자신의 생각을 담은 책을 출간했는데, 한국에는 《물어봐줘서 고마워요(Lost Connection)》로 번역되었습니다. 책에서 하리는 현대인이 우울증과 중독에 빠지는 이유로 크게 7가지를 들었어요. 그것에는 1) 의미 있는 일로부터의 단절, 2) 타인과의 단절, 3) 삶의 의미로부터의 단절, 4) 유년기 트라우마로부터의 단절, 5) 지위와 존중으로부터의 단절, 6) 자연으로부터의 단절, 7) 안정된 미래로부터의 단절 등이 있습니다.

여러분은 이중에서 무엇으로부터 단절되어 있나요? 만약 여러분이 미래에 대한 희망을 잃고 삶의 가치를 스스로 생각해 낼 수 없다면, 그건 지금 중독에 대한 위험한 경고등이 켜진 것일 수 있습니다.

어쩌다 한 번씩 빠지는 것도
중독인가요?
전 조절할 수 있는데도요?

네, 중독의 위험성이 큽니다.
조절할 수 있다고 너무 확신하지 마세요.

중독은 악마의 속삭임과 같아요.

한번 빠지면

뇌가 고장 나기 쉽습니다.

"선생님, 저는 한 번씩 정신없이 빠져들 때는 있지만 조절할 수 있어요. 이것도 중독인가요?"

중독에 대해 청소년 강연을 할 때면 이런 이야기를 자주 들어요. "선생님이 무슨 이야기를 하는 줄 잘 알겠어요. 그런데 괜찮아요. 저는 저에 대해 너무나 잘 알고, 그래서 알아서 잘 조절할 수 있어요"라고 말이죠. 정말 그렇다면, 앞서 이야기했듯 청소년 10명 중 4명이 스마트폰을 위험한 수준으로 사용하고 있다는 건 어떻게 설명할 수 있을까요? 그리고 십 대의 알코올 중독이 4년 사이에 25퍼센트나 증가하고 있다는 건 어떤가요?* 더 나아가 최근 청소년 도박 중독이 4년 사이 3배나 증가했다는 건 또 어떻게 생각하나요?** 여

* 건강보험심사평가원의 자료에 의하면 2012년부터 2016년 사이에 십 대 남성 및 여성의 알코올 중독 환자 수치가 각각 22퍼센트, 29퍼센트씩 상승했습니다.
** 2022년 10월 5일, 건강보험심사평가원이 제출한 '청소년 도박 중독 진료 현황' 자료에 따르면, 도박 중독으로 병원 진료를 받은 청소년(19세 이하)이 2017년 48 명에서 2021년 141명으로 약 3배가 증가했다고 합니다.

기에 해당하는 청소년들도 처음에는 똑같은 생각이었을 겁니다. 조금만 하다가 그만해야지 하고 말이죠. 그런데 자신이 생각했던 것과 전혀 다른 결과를 초래했죠. 또 이렇게 말하는 친구도 있을 겁니다. "저는 그 친구들과 달라요. 의지가 더 강하단 말이에요."

자, 그럼 지금부터 생각한 대로 자신의 행동을 조절하는 것이 왜 어려운지 이야기해 볼까요.

중독, 뇌의 브레이크가 망가진 상태

여러분, 과학자들은 중독의 비밀을 무엇이라고 생각할까요? 이 분야의 권위자인 미국 국립약물남용연구소 소장 노라 볼코우(Nora Volkow)의 이야기를 소개해 볼까 합니다. 그녀는 미국에서 중독 치료로 매우 잘 알려진 의사이자 뇌 과학자입니다. 그녀가 유명해진 가장 큰 이유는 중독을 개인의 잘못된 성격 문제라고 탓하지 않았다는 점 때문이에요. 볼코우 교수는 "마약이 중독된 사람들의 뇌를 바꾸어 버렸기 때문에 중독 문제의 핵심은 뇌의 문제를 해결하는 것이다"라고 강조했어요. 그녀는 당시 미국 사회의 중독자들에게 구원자처럼 여겨졌죠. 볼코우 교수의 결론은 매우 간결합니다. 중독은 그녀에게 "치료할 수 있는 뇌 질환"과 같은 겁니다.

볼코우 교수는 중독된 환자들의 뇌가 일반인과 어떻게 다른지를 뇌 영상 이미지로 증명해 냈어요. 일명 기능적 자기공명영상(functional MRI)이라는 최신 의료 기계를 통해서 중독된 뇌의 상태를 확인해 본 결과, 환자들의 뇌에서 전전두엽 부위의 기능이 심각하게 감소한 것을 확인할 수 있었어요. 전전두엽은 뇌에서 이성적 판단을 담당하는 아주 중요한 부분이죠. 이 말은 곧 중독 환자들은 올바르게 판단하기 어려운 상태에 빠졌다는 뜻입니다. 그러니까 스스로 해로운 행동을 조절할 수 있다는 생각조차 할 수 없는 상태인 거죠. 앞서 의지가 강해서 중독 행위를 조절할 수 있다는 청소년들의 이야기를 했었죠? 그런데 사실 중독이 되면 이미 그런 의지조차 생기지 못하는 상태에 빠져 버립니다. 누가 보아도 나쁜 행동이지만, 중독된 사람의 눈에는 그게 나쁘다고 생각하기 어려운 것이죠. 그저 초조 불안을 없애기 위해 충동적으로 중독 행위를 반복하고 있는 것입니다.

볼코우 교수는 완전히 중독된 뇌를 **"브레이크가 망가진 자동차"**에 비유하곤 합니다.* 중독자는 마치 브레이크가 고장난 차를 몰고 있는 것과 똑같기 때문에, 아무리 그만두고 싶어도 멈출 브레이크가 없는 것이죠. 여기서 볼코우 교수가 말한 뇌 안의 브레이크는 '도파민 D2 수용체'입니다. 조금은 어렵죠? 쉽게 설명해 볼게요. 뇌 안에는 '도파민'이라고 부르는 호르몬이 존재합니다. 이것의 별명은 '쾌락 호르몬'입니다. 왜냐하면 도파민은 행복감, 만족감 같은 쾌감이나 누군가에게 사랑과 호감을 느낄 때 주로 분비되기 때문이에요. 예를 들어 여러분이 사랑하는 사람을 만나서 행복한 시간을 보내고 있으면 뇌 안에서 도파민 호르몬이 샘솟고 있을 거예요.

그런데 이 호르몬은 중독을 일으키는 물질이나 행동을 할 때도 뇌가 자극되어 분비됩니다. 예를 들면, 흡연의 경우 담배를 피우기 시작하면 7초 안에 담배 연기 속 화학물질인 니코틴이 뇌세포에 전달되고, 그것은 곧바로 도파민 호르몬의 분비를 증가시킵니다. 볼코우 교수는 뇌 안에 너무 많은

---

* 데이비드 T. 코트라이트 지음, 이시은 옮김, 《중독의 시대》, 커넥팅, 2020, 282쪽.

도파민이 분비되는 것을 막기 위해서 브레이크가 존재한다는 것을 강조합니다. 그것이 바로 도파민 D2 수용체입니다. 도파민이 분비되어서 결합하는 수용체 중 하나로, 그 역할은 바로 '자기 통제'입니다. 아무리 쾌감을 주는 행동이라 하더라도 어느 순간에는 그것을 조절하고 멈춰야 하겠죠. 그것을 하도록 신호를 주는 것이 도파민 D2 수용체의 역할입니다.

자, 여기까지 잘 이해했지요? 그럼 여기서 무엇이 문제일까요? 아주 강력한 중독 물질을 자주 섭취하거나 중독 행위를 반복하면 이 브레이크 역할을 하는 수용체가 망가진다는 사실입니다. 그러니까 쾌감을 주는 행동을 스스로 멈출 수 없게 된다는 뜻이죠. 앞서 소개했던 쥐 실험에 등장한 자신의 뇌(쾌락 중추)에 끊임없이 전기 자극을 보내다가 사망에 이른 쥐가 되는 것입니다. 중독이 얼마나 무서운 것인지 이제 알겠죠? 중독에 빠진 사람은 스스로 아무리 멈추고 싶어도 그것을 실행할 브레이크가 없어져 버린 상태입니다. 물론 더 정확히는 멈추고 싶은 생각조차 들지 않는 상태에 빠져 버린 거예요.

중독에 빠지게 만드는 '방아쇠'를 당기는 것들

이제 중독에 빠지지 않을 거라고 확신하는 것이 얼마나 위험한 생각인지 잘 알겠죠? 중독은 앞서 이야기했듯 자신도 모르게 '서서히' 발생하는 겁니다. 어느 순간 중독에 빠져서 더는 자신의 생각대로 통제가 되지 않는 것이죠.

볼코우 교수는 중독이 아무리 '서서히' 진행된다고 해도, 첫 번째 출발 신호가 중요하다고 강조합니다. 즉, 중독 행위에 '첫 번째 발걸음'을 떼도록 만드는 그 신호 말이에요. 마치 달리기 시합에서 출발 신호를 알리는 총소리처럼요. 볼코우 교수는 바로 그 총의 '방아쇠'를 누군가 끊임없이 당기고 있다고 경고합니다. 그것은 여러분을 유혹하는 인터넷 게임에서부터 도박 애플리케이션, 술과 담배, 그리고 각종 해로운 인터넷 사이트들까지 모두가 포함됩니다. 요즘 우리 삶에서는 정말 한순간도 그 총소리가 들리지 않는 시간이 없는 것처럼 느껴집니다. 의학에서는 이렇게 중독에 빠지게 만드는 그 방아쇠를 일명 '트리거'(trigger, 방아쇠를 영어로 표현)라 하며 '유발 인자'라고 부르기도 합니다. 이것은 뇌의 건강한 행복 회로와 보상 회로인 도파민 체계를 망가뜨리는 역

할을 해요.

예를 들어 볼게요. 담배의 역사를 오랫동안 연구한 하버드 대학교 역사학 교수인 앨런 브랜트(Allan Brandt)는 그동안 담배 회사들이 어떻게 해서든 비흡연자(특히 청소년)가 첫 담배를 피우게끔 만들려고 각종 광고를 해 왔다고 말합니다.* 그렇게 호기심을 불러 일으켜서 몇 번 담배를 피우게만 하면, 그 이후에는 담배 연기 속 '니코틴'이라는 중독성 화학물질이 그들을 충성스러운 흡연자로 만들 것이라고 생각했다는 거예요. 이것은 지금도 여전히 진행 중입니다. 편의점에 가면 화려한 담배 광고들이 계산대 주변에 즐비해 있지 않나요? 여러분의 호기심을 자극하기 위해서 수없이 많은 방아쇠가 당겨지고 총소리가 울려 퍼지고 있습니다. 그렇게 해서 여러분에게 첫 번째 담배를 시도하게 만들려고 말이죠.

* Brandt, Allan M., 《The Cigarette Century: The Rise, Fall, and Deadly Persistence of the Product That Defined America》, New York: Basic Books, 2007.

중독은 악마의 유혹

여기까지 읽고 나면 많은 청소년들이 이런 생각을 가질 겁니다. "선생님, 그럼 그렇게 나쁜 방아쇠를 당기는 사람들을 막으면 되지 않을까요?" 네, 맞습니다. 저도 진심으로 그 생각에 동의합니다. 그런데 불행하게도 아직까지 모든 총소리를 막아낼 수 있는 방법이 없다는 게 너무 안타깝습니다.

앞선 글에서 중독의 3박자를 소개했죠. 3박자에는 충동, 불만족, 초조 불안이 있습니다. 여기서 가장 중요한 것은 바로 충동입니다. 충동의 의학적 용어는 바로 '강박'이에요. 조금 어려운 단어인데 강박적인 생각을 영어로 'obsession'이라고 합니다. 이 단어는 라틴어에서 유래되었는데, 1510년 무렵에는 '둘러싸고 마구 퍼붓는 행위'를 표현하는 말이 되었다고 합니다. 그런데 1600년경에는 '악마에 의한 적대적인 행동'으로 쓰이기 시작했다고 해요. 그것이 1901년부터 심리학적으로 지금의 의미인 '개인의 의지와 반대하여 계속해서 마음속에 침투하는 생각'으로 사용되었다고 합니다.

그렇다면 중독을 이렇게 설명할 수도 있을 겁니다. **'악마와 같은 존재가 나를 에워싼 채 마구 유혹의 이야기를 퍼붓는 것'**

이고, 어느 순간 그 악마는 이미 내 머릿속에 들어와 버렸다고 말이죠. 중독은 이처럼 아주 오래전부터 악마의 유혹과도 같은 위험한 것으로 여겨져 왔습니다. 여러분이 쉽게 쫓아내고 조절할 수 있는 것이 아니랍니다. 과거에 의학 기술이 발전하기 전에는 그것을 '악마'라고 표현했지만, 지금은 뇌 속의 특정한 호르몬 체계가 망가져 버린 것으로 밝혀졌습니다. 자, 그러니 이제 여러분이 어떻게 해야 할지 알겠죠? 어쩌다 한 번이라도 중독에 빠지는 것은 정말 위험합니다.

 생각해 봅시다

1. 갑작스레 빠져들어 조절이 힘들었던 행동이 있었는지 생각해 보세요.

2. 스마트폰을 하루 동안 언제, 얼마나 사용하는지 적어 보세요.

3. 주위에서 "그만 좀 해라!"라고 충고를 들은 행동은 없는지 생각해 보세요.

중독이 왜 그렇게
위험하다는 거죠?

중독은 해야 할 이유가 없어도 하게 되고,
점점 더 위험한 것을 찾게 만드는
무서운 질병이기 때문이에요.

호기심에, 심심해서,

스트레스 때문에

쉽게 시작할 수 있지만,

결국 더 큰 고통이 따라온답니다.

"선생님, 왜 그렇게 중독이 위험하다는 거죠?"

앞에서 중독이 무엇이고 습관과 어떻게 다른지 등을 이야기했지만, 정작 왜 위험한지에 대해 여전히 의문인 친구들이 있을 겁니다. 중독의 3박자라 이야기한 충동, 불만족, 초조 불안에 대해 이해는 했지만, 중독된다 해도 그저 밥을 굶거나 잠을 늦게 자거나 시험공부를 열심히 하지 않는 정도로만 생각할 수 있기 때문이죠. 위험한 습관 혹은 취미 정도로 말이에요. 그런데 중독은 마치 '귀신에 홀린 사람'처럼 보이게 만들 수도 있다는 것이 문제입니다.

거짓말이라고요? 요즘 한국에도 뉴스를 통해 '좀비 마약'이라는 것이 알려졌습니다. 병원에서 마약성 진통제로 사용되는 펜타닐이라는 합성 마약입니다. 펜타닐은 잘 알려진 마약성 진통제인 모르핀보다 무려 중독성이 100배나 강하다고 합니다. 그런데 미국의 경우, 이 마약을 과다하게 복용해서 마치 좀비가 된 듯 구부정한 자세로 길 한복판에 멈춰 서 있는 사람들이 많이 목격되고 있습니다. 유망한 직장을 다니던 사람들도 한순간에 좀비가 되어 길 위에서 걸어 다니고 있는 겁니다. 그러다가 너무 많은 양을 복용해서 사망에 이르기도 합니다. 실제로 미국에서 2015~2021년 사이에 무려 20만 9,491명이 펜타닐 과다 복용으로 사망했다고 합니다. 더욱 충격적인 것은 18~49세 사이의 미국인 사망 원인 1위가 바로 불법 펜타닐 중독이라고 하니 정말 큰일이죠. 그래서 최강국인 미국이 바로 '좀비 마약'으로 붕괴하고 있다는 말도 나올 정도입니다.

그런데 이는 더 이상 미국만의 문제가 아니에요. 우리나라에서도 2021년 서울의 한 지하철역 화장실에서 19살 청소년이 쓰러진 채 발견되었는데, 몸에서 펜타닐이 검출되었다고 합니다. 끝내 사망에 이르렀고요. 이게 그저 남의 이야기일까요? 아닙니다. 중독이 우리 몸에서 작동하는 원리는 어떤 종류의 중독이든 똑같습니다. 단지 그 세기가 얼마나 큰지 작은지 정도의 차이가 있을 뿐이에요. 그러니 절대로 쉽게 생각해서는 안 됩니다. 나는 심한 중독은 아닐 거라고 안심할 수 없는 것이 바로 중독의 가장 큰 특징이니까요. 자,

그럼 이제부터 왜 안심해서는 안 되는지 좀 더 자세히 알아보도록 합시다.

어느 순간 그 자체가 목적이 되어 버리다

아무리 사소해 보이는 중독 행위라 할지라도 절대로 무시하면 안 되는 첫 번째 이유는 중독 3박자 중 바로 '초조 불안'(금단 증세)에 있습니다. 이것이 무서운 이유는 중독 행위를 하는 목적이 중독 그 자체가 되도록 만들기 때문이죠. 쉽게 예를 들어 볼게요. 중학교 때 흡연을 시작한 학생들을 상담할 때면, 많은 학생들이 흡연의 이유를 이렇게 설명해요. 그냥 심심해서, 지루해서, 공부하기 싫어서, 이런저런 스트레스 때문에, 혹은 친구들과 놀다가 호기심에 했다고 말이죠. 이 모든 것들이 나름의 목적이라 할 수 있습니다. 그런데 그렇게 흡연을 시작해서 보름이 지나고 한 달이 지나 점차 시간이 흐르면 원래의 목적보다는 '담배를 피우기 위해서' 담배를 피우게 됩니다. 보통 학생들은 이것을 그냥 "습관이 되었다" 정도로 말하죠. 그렇지만 결국 그 습관 때문에 흡연을 지속하게 됩니다. 그 습관이라 부르는 것을 하지 않으면 조금씩 초조하고 불안해지는 순간이 생기고, 그렇게 서서히 중독에 빠지게 됩니다. 이런 걸 주객이 전도된다고 말하죠.

저는 아주 독한 종류의 담배를 하루에 3갑씩 피우는 학생을 상담한 경험이 있어요. 3갑이면 총 60개비의 담배를 피우는 겁니다. 이게 얼마나 많은 양인지 감이 잘 안 올 거예요. 그 학생의 표현을 빌리자면, "잠자는 시간마저 줄여야 피울 수 있는 양"이었어요. 불안하고 초조한 마음을 최대한 줄이고자 정말로 쉬지 않고 담배를 피운 것이죠. 또 한 번 피울 수 있을 때 여러 개비를 몰아서 흡연하기도 하고요. 이 학생은 담배 연기 속 니코틴이라는 화학물질에 몸이 심하게 중독되어 있었던 겁니다.

자, 이렇게 되면 스트레스 때문에 혹은 습관이 되어서 끊을 수 없다고 말하는 것은 잘못된 해석입니다. 정확히 말하면, 중독 행위가 종료된 이후 어느 정도 시간이 지나면(흡연의 경우 30분에서 1시간 정도) 점차 초조하고 불안한 마음이 생기기 시작하고, 이렇게 안절부절못하는 상태를 흡연을 통해 바로 해소해야 하는 상황인 겁니다. 즉, 금단 증세를 없애기 위해 흡연을 하는 것이죠. 처음 시작할 때는 흡연 때문에 금단 증세가 생겼는데, 나중에는 금단 증세 때문에 흡연을 해야만 하는 상황이 된 거예요.

중독의 3박자 중 '금단'이 이렇게 무서운 겁니다. 그래서 아무리 사소하고 작은 중독이라 생각할지라도 그것이 끊임없이 반복된다면 그건 절대 사소하지 않은 문제입니다. 왜냐하면 중독 행위를 하는 순간을 제외한 모든 일상이 초조하고 불안해질 수 있기 때문이죠. 여러분은 이런 일상을 견딜 수 있을까요? 어느 누구도 이렇게 불안정한 삶을 원치는 않을 겁니다.

더 심한 중독으로 커지는 중독

"선생님, 제 중독은 뭐 별것 아니에요. 그렇게 해롭지도 않고, 안 해도 별로 초조하지도 불안하지도 않아요."

청소년들과 상담을 할 때면 꼭 이렇게 이야기하는 학생들이 있습니다. 물론 그 당시에는 맞는 이야기일 수 있어요. 정말로 별것 아니며, 얼마든지 마음만 먹으면 중단할 수 있는 상태일지도 모릅니다. 그런데 이렇게 말하는 행위들은 사실 중독이 아니라 습관에 가까울 수 있어요. 중독은 꼭 3박자인 충동, 불만족, 초조 불안이 있어야만 하죠. 지금부터 제가 강조하고 싶은 것은 그 3박자 중 불만족입니다. 의학에서는 이것을 '내성'이라고 부르죠.

내성은 말 그대로 지금의 상태에 불만족한 것을 말해요. 흡연을 예로 들면, 하루 한두 번 피우던 것에서 어느새 10번으로 늘어나고, 20번(담배 1갑)까지 늘어날 수 있어요. 몸이 담배 연기를 더 자주 찾게 되는 셈이죠. 하루를 초조하고 불안하지 않게 평범한 상태로 지내는 데 필요한 담배 연기의 양이 점차 증가하는 것이 바로 내성이에요. 컴퓨터 게임도 한두 번 할 때 느꼈던 쾌감이 좋아서 좀 더 반복하다 보면, 하루에 게임을 몇 시간씩 하지 않고는 참지 못할 정도로 빠져들 수 있어요. 한 시간이면 만족하던 것에서 밤을 꼬박 새우며 하게 되는 날들이 점점 늘어나는 것이 바로 내성입니다.

그런데 제가 생각하는 내성의 위험성은 단순히 시간이 더 늘어나는 것을 말하는 게 아니에요. 청소년의 중독을 걱정하는 가장 큰 이유는 아주 사소해 보이는 중독에 빠졌다가 점차 더욱 심한 중독으로 옮겨간다는 점 때문이에요. 그래서 하나의 중독에만 빠지는 것보다 동시에 여러 개의 중독 행위에 빠지는 경우가 많아요. 흡연과 과다 음주, 게임 중독 등이 한 학생에게서 동시에 나타나는 것처럼 말이죠. 즉, 한번 중독 행위를 통해 빠르게 쾌감을 얻는 것에 익숙해지면 좀 더 자극적인 것을 찾기 마련이죠. 이것을 '게이트(gate, 문)' 이론이라고 설명한답니다. 그리고 이러한 연쇄적인 중독의 위험성은 나이가 어릴수록 더 커집니다.

제가 걱정하는 부분이 바로 여기에 있습니다. 호기심에 흡연을 시도한 학생이 어느새 하루에 담배 1갑 이상을 피우게 된 이후, 그것에 만족하지 못하고 과다한 음주로 나아가 정말로 해서는 안 되는 불법 마약에까지 손을 대기 시작한다는 것이죠. 또는 단순히 재밌는 컴퓨터 게임으로 시작해서 도박 게임으로, 나아가 범법 행위까지 넘어가는 것도 마찬가지입니다. 뉴스에서나 등장하는 이야기 같지만, 뉴스 속 당사자도 처음부터 해롭고 법을 어기는 중독 행위부터 시작하지는 않았을 겁니다. 시작은 언제나 아주 사소해 보이는 중독 행위에서 출발합니다.

쾌락과 고통은 쌍둥이

중독에 빠진 많은 청소년들이 이렇게 이야기하는 것을 들었어요. "저는 그것을 하지 않으면 너무 불행하고 힘들어서 어쩔 수 없어요"라고 말이죠. 이미 중독에 빠진 경우에는 불만족과 초조 불안이 생겨서 당연히 그럴 수 있습니다. 이해할 수도 있는 부분이에요. 그런데 그런 말을 하는 사람들이 놓치는 아주 중요한 사실이 있어요. 미국 스탠퍼드 대학의 정신과 교수이자 중독치료센터 소장인 애나 렘키(Anna Lembke)는 중독의 아주 중요한 특징에 대해 강조합니다. 그것은 바로 **"쾌락과 고통은 쌍둥이 감정이다"**라는 사실입니다.*

중독을 일으키는 행동이나 물질을 통해 쾌락을 조금씩 즐기다가 그것에 점차 흠뻑 빠지게 되면, 인간의 뇌는 어느 순간 스스로 균형을 맞추려고 해요. 이를 '자기 조정 메커니즘'이라고 부릅니다. 그래서 쾌락의 크기만큼 고통의 크기도 커진다고 합니다. 즉, 쾌락을 추구하면 할수록 그 끝은 그만큼의 고통이라는 사실이죠. 너무 놀랍지 않나요? 우리의 뇌

* 애나 렘키 지음, 김두완 옮김, 《도파민네이션》, 흐름출판, 2022.

는 극단적인 쾌락의 추구를 막기 위해서 고통이라는 처방을 스스로 만들어 낸 겁니다.

조금 쉽게 예를 들어 볼게요. 만성적인 통증을 없애기 위해 마약성 진통제를 오랫동안 복용한 사람이 있습니다. 시간이 지날수록 내성(즉, 불만족)이 생겨서 점차 진통제의 양이 증가하고 이내 그 약에 중독되어 버릴 겁니다. 그렇게 많은 양의 진통제를 사용하다 보면 어느 순간 없애고 싶었던 그 통증이 더욱 심해지게 됩니다. 즉, 마약성 진통제 자체가 통증을 줄여 주는 게 아니라 오히려 더 많은 통증을 주는 셈이죠.

이것은 단순한 불만족이나 초조 불안을 넘어서는 이야기예요. 끝도 없이 쾌락을 추구하다 보면 그 대가를 반드시 치르게 되어 있답니다. 바로 고통으로 말이에요.

 생각해 봅시다

1. 스트레스를 해소하기 위해 가장 많이 하는 행동 '3가지'를 적어 보세요.

2. 심심할 때 자주 하는 활동은 무엇인가요?

3. 처음 시작할 때는 즐거웠지만, 시간이 지날수록 불쾌해졌던 활동이 있는지 생각해 보세요.

옥시토신 호르몬,
'스트레스'의 비밀

미국의 유명한 심리학자 켈리 맥고니걸(Kelly McGonigal)은 아주 도발적인 제목으로 TED 강연을 했습니다. 바로 〈How to make stress your friend〉입니다. 즉, 스트레스를 당신의 친구로 만드는 방법이죠. 보통 생각했을 때 스트레스는 우리에게 안 좋은 것으로 알고 있는데, 스트레스가 어떻게 친구가 될 수 있을까요? 그녀는 자신의 책 《스트레스의 힘》에서 그 이유를 자세히 소개합니다. 맥고니걸이 스트레스를 긍정적으로 생각하는 가장 큰 이유는 바로 "스트레스는 사회적 관계를 조성한다"는 사실 때문입니다. 즉, 스트레스가 발생하면 몸은 우리에게 다른 사람과 관계를 형성하도록 만들어 준다는 것입니다.

이때 맥고니걸이 소개한 호르몬이 바로 '옥시토신' 호르몬이에요. 이것은 '사랑의 분자' 또는 '포옹 호르몬'이라는 별명을 가지고 있어요. 이 호르몬의 주된 역할은 사회적 유대를 조성하고 강화시키는 것이라고 합니다. 몸 안에 옥시토신 수치가 높아지면 우리는 주변 사람들과 관계를 형성하고 싶어진다고 합니다. 예를 들면 스킨십, 문자 보내기, 함께 술 마시기처럼 사회적 접촉에 대한 열망이 발생한다는 것이죠. 우리가 스트레스를 받는 동안 뇌 안의 뇌하수체에서 옥시토신이 분비되어 사회적 관계를 맺게 만들어 주는 것입니다. 신기하게도 스트레스는 우리가 '더 나은' 사람이 되도록 도와주는 측면도 갖고 있지요.

5

중독이 청소년에게
왜 그렇게 나쁘다는 거죠?

청소년의 뇌는 중독에 쉽게 빠지고,
또 손상을 받을 수 있기 때문이에요.

뇌가 한창 발달하고

미래를 준비할 시기인 청소년 시절에

특히 중독에 주의해야 합니다.

"선생님, 사실 어른들 중에 중독자가 더 많은데 왜 청소년들한테만 자꾸 뭐라고 하는 거예요?"

이런 질문을 정말 많이 받는 것 같아요. 네, 대다수의 청소년들이 중독이라고 할 문제를 가지고 있지 않기 때문에 당연히 이런 의문을 가질 수 있을 겁니다. 중독은 어른들에게 더 골치 아픈 일이고 청소년들은 아니라고요. 그런데 현실은 그렇지 않다고 합니다. 여러분, 도박 중독의 경우 성인보다 청소년의 유병률(=현재 환자 수/전체 사람 수 비율)이 크다는 사실을 알고 있나요? 최근 조사에 따르면(한국도박문제관리센터 자료), 2015년에 청소년의 도박 중독 유병률이 5.1퍼센트 수준이었는데 2018년에 6.4퍼센트로 상승했다고 합니다. 그러니까 2018년에 벌써 약 14만 5천 명 가량의 청소년이 도박 중독 위험 집단에 속해 있다는 겁니다. 여기서 중요한 것은 이 수치가 같은 시기에 국내 성인의 도박 중독 유병

률인 5.3퍼센트보다 1.1퍼센트 더 높다는 사실입니다. 더구나 이 통계의 경우 학교 재학생만 포함한 것이니 학교 밖 청소년까지 대상으로 한다면 더 높아지겠죠. 자, 이제 청소년의 중독 문제에 왜 관심을 가져야 하는지 알겠죠?

뇌가 한창 발달하는, 매우 중요한 청소년 시기

많은 청소년들이 중독의 위험에 노출되어 있다는 점도 중요하지만, 더욱 중요한 사실은 청소년 시기에 뇌가 가장 활발하게 발달한다는 점이에요. 67쪽 그래프에서 볼 수 있듯이, 뇌의 주요한 활동들을 모두 담당하는 회백질(대뇌피질+기저핵+변연계)의 경우 **12~14세** 때 그 부피와 두께가 가장 성장한 상태에 도달한다고 합니다. 잠깐, 여기서 뇌에 대해 짧게 설명할게요. 우선 대뇌피질은 지식과 정보의 처리를 담당하는 가장 중요한 부위입니다. 그리고 기저핵은 근육 운동을 섬세하게 조절하는 부위이며, 변연계는 주로 감정 작용에 관여하는 부위입니다. 앞서 말했듯이 이렇게 중요한 기능들을 담당하는 뇌의 회백질이 청소년기(특히 중학생 시절)

에 가장 성숙해진다고 하니 이 시기가 얼마나 중요한 때인지 충분히 이해할 겁니다. 덧붙여, 신경 신호 전달의 역할을 하는 백질의 경우 아동기부터 지속적으로 성장한다고 해요.

여기에서 조금만 더 깊게 들어가면 청소년 시기의 뇌 성장이 중독과 관련해서 너무나 중요한 이유를 알 수 있어요. 바로 뇌의 발달 과정에서 중독과 관련된 부위도 이때 함께 발달하기 때문이에요. 그곳은 일명 '보상'과 관련된 뇌의 부

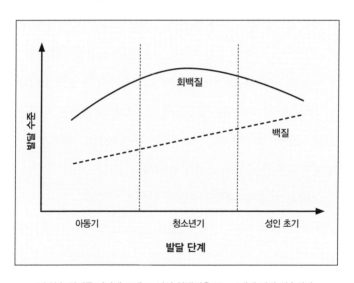

뇌 성숙 단계를 나타낸 그래프. 뇌의 회백질은 12~14세에 가장 성숙하다.
(출처: 박재홍, 김성환, 〈청소년기 뇌 발달과 인지, 행동 특성〉,
생물치료정신의학 17.1, 2011, 11-20.)

위로, 앞서 소개했던 **도파민 호르몬**(일명 '쾌락 호르몬')을 담당하는 신경 세포들입니다. 도파민 호르몬을 합성하는 효소의 수치도 변화하고, 도파민 호르몬이 작동하기 위해 결합하는 도파민 수용체도 변화를 겪게 됩니다.

여기서 도파민에 대해 쉽게 설명해 줄게요. 여러분이 무언가 노력해서 성공했을 때 느끼는 뿌듯함, 열심히 운동을 하고나서 시원한 음료수를 마실 때 느끼는 기쁨, 좋아하는 친구들과 꼭 같이 하고 싶었던 이벤트를 치르면서 느끼는 짜릿함 등 이 모든 상황들마다 느끼는 것들은 도파민 호르몬 분비와 연결되어 있습니다. 단순하게 표현하자면, 여러분의 노력에 대해 뇌가 수고했다고 도파민 호르몬을 분비해서 '보상'을 해 주는 셈이죠. 그런데 중독을 일으키는 행위는 사실 보상이 필요한 것이 아닌데도 뇌가 억지로 자극되어서 도파민 호르몬이 분비되게 만듭니다.

청소년기에 중독에서 중요한 역할을 담당하는 도파민 호르몬과 관련해 이런 중요한 변화들이 뇌 안에서 발생하고 있는 겁니다. 특히 전두엽에 위치한 도파민 D1 수용체의 경우 청소년기(14~18세)에 그 수가 가장 많다고 알려져 있습니다. 이것은 어떤 의미일까요? 수용체가 많다는 것은 그만

큼 도파민 호르몬이 결합해서 쾌감을 일으키는 부위가 많다
는 뜻이겠죠. 이렇게 중요한 시기에 외부에서 중독 물질이
나 중독 행위가 자꾸 침투해서 뇌를 자극한다면, 청소년기
의 뇌는 그 모든 자극들을 받아들일지도 모릅니다. 물론 아
직까지 청소년기에 생겨난 도파민과 관련된 뇌 안의 변화가
어떤 역할을 하는지에 대해 파악되지는 않았어요. 하지만
복잡하고 빠른 변화를 일으키고 있다는 것만은 명확합니다.

강한 자극을 추구하는 성향 때문에
쉽게 중독되는 청소년기

　너무 뇌와 관련된 이야기를 하니 조금은 어렵게 느껴질
것 같네요. 그런데 사실 지금부터 하는 이야기는 여러분도
경험을 통해서 어렴풋이 알고 있을 거라 생각해요. 바로 청
소년 시기에는 호기심이 정말 왕성하다는 점이에요. 그렇지
않나요? 이것을 전문 용어로 **'자극 추구 성향'**이 크다고 표현
합니다. 어려운 용어이지만 뜻은 쉽게 이해할 수 있겠죠? 자
극적인 경험을 찾고자 하는 욕구가 크다!라는 뜻입니다. 연

구에 따르면, 청소년기에 자극 추구 성향이 인생 중 가장 강하게 나타나고 그 이후엔 감소한다고 합니다. 그래서 남녀 모두에서 사춘기 발달 단계가 높을수록 자극 추구 성향이 강해지고, 그렇기 때문에 약물 남용의 위험이 증가하는 것으로 알려져 있어요.

자극 추구 성향이 크다는 것은 충동적이라는 것과는 다릅니다. 이것은 호기심이 많고 새로운 자극을 찾아 나서는 모험심이 크다는 의미에 가까워요. 그런데 문제는 그 대상이 중독을 일으키는 행위나 물질일 수도 있다는 사실이죠. 물론 이것에 대해서 청소년기에는 아직 이성적으로 미숙해서 충동을 억제하기 힘들고, 옳고 그름을 판단하기에 역부족인 시기라고 말하는 어른도 있을 겁니다. 물론 완전히 틀린 이야기는 아닙니다. 더욱 더 많은 것을 경험하고 배워 간다면 좀 더 지혜로워질 수 있을 테니 말이죠.

실제로 고위 인지기능을 담당하는 회백질 부위 중 전두엽은 청소년 시기에 다른 부위보다 상대적으로 발달이 느리다고 합니다. 이것이 단순히 청소년이 성인에 비해 미숙하다는 것을 뜻하는 것은 아닙니다. 그렇지만 실제로 2006년 미국 코넬대 의과대학의 연구 결과에 따르면,* 청소년기

(13~17세)에 보상 회로가 작동할 때 가치 판단을 담당하는 전전두엽보다 쾌락을 담당하는 부위(측좌핵)가 더욱 활성화되는 것을 확인했답니다. 연구팀은 **"청소년기에 충동적인 행동이 잦고 중독에 빠지기 쉬운 것은 뇌 발달과도 관련 있다"**라고 말합니다.

청소년기에는 전두엽 부위가 주변 부위들과 촘촘하게 신경망을 재구성하고 탄탄하게 만들어집니다. 바로 그 중요한 시기에 순간의 쾌락을 위해서 중독에 빠진다면, 여러분의 뇌는 건강하게 성장할 수 없을 겁니다. 뇌가 미성숙해서 중독에 빠진다고 생각하기보다는, 오히려 중독에 의해서 뇌가 미성숙해질 수 있다는 점을 기억해야 합니다.

위험성보다 보상에 대한 기대감이 더 중요하다

과학적 연구 결과가 모든 사람들에게 반드시 그대로 적

---

* Galvan, Adriana, et al., 〈Earlier development of the accumbens relative to orbitofrontal cortex might underlie risk-taking behavior in adolescents〉, Journal of neuroscience 26,25, 2006, 6885-6892.

용되지는 않습니다. 청소년기에 중독에 좀 더 취약하다는 이야기 역시 개인 간의 차이는 분명히 존재할 겁니다. 그럼에도 이를 절대로 무시해서는 안 됩니다. 그 중에서 추가로 더 이야기해 주고 싶은 것이 있습니다. 청소년 시기에는 어떤 행동을 할 때 그것이 초래할 '위험성'보다는 그 행동을 통해 얻게 되는 보상(즉, 쾌락)에 대한 **기대감**을 더 중요하게 여긴다고 알려져 있습니다. 이것은 여러분도 일상에서 조금씩 느낄 때가 있을 겁니다. 지금 이것(예를 들어 게임 등)을 멈추지 않고 계속 한다면 시험공부를 제대로 하지 못할 것을 알면서도 그 행위가 주는 당장의 즐거움을 포기하기 어렵죠. 이것은 앞서 이야기했던 것처럼 도파민과 관련된 뇌 부위의 활성화와 변화 때문이기도 합니다.

　그런데 저는 여기에 중독 자체의 특징도 꼭 설명해 주고 싶어요. 그것은 중독된 상태 자체가 '미래의 시간'을 무시하게 만든다는 점이에요. 그러니까 청소년 시기의 특징 때문에 위험성보다 당장의 보상을 더 크게 생각한다고 했지만, 중독 자체도 그러한 성향을 만들어 주거든요. 이것을 전문 용어로 **지연 할인(delay discounting)**'이라고 불러요.* 쉽게 말해서, 미래의 보상 가치를 낮게 평가한다는 뜻이죠. 아주 단적인 예로 지금 1만 원을 받을 것인지, 한 달 후 2만 원을 받을지 결정하라고 할 때 지연 할인 경향이 높은 사람은 당장의 1만 원을 선택한다는 뜻이에요. 중독은 이런 지연 할인 성향을 더욱 크게 만든다고 해요. 그렇다 보니 올바르게 미래를 예측하고 선택할 힘이 사라지는 것이죠.

그럼, 이제 정리를 해 볼까요? 청소년 시기는 뇌가 가장 발달하는 시기이자 중독과 관련된 부위 역시 활발한 시기입니다. 그래서 중독 물질과 중독 행위에 노출되었을 때 쉽게 빠져 버릴 수 있죠. 그리고 청소년 시기는 호기심이 강해 새로운 자극을 추구하고, 또 그 자극이 초래할 위험성보다 당장의 보상이 더 크게 보이는 때입니다. 이 모든 상황들이 복합적으로 작용해 자칫 돌이킬 수 없는 중독에 빠져 버린다면 뇌의 건강한 성장도 방해를 받고, 또 건강하게 미래를 계획하고 기다리는 마음도 잃어버릴 겁니다. 자, 이 정도면 왜 청소년들에게 그토록 중독에 주의하라고 말하는지 알겠지요?

---

* 애나 렘키 지음, 김두완 옮김, 《도파민네이션》, 흐름출판, 2022, 128~132쪽.: 관련된 자세한 내용은 다음의 논문을 참고하세요. Petry, N. M., Bickel, W. K., & Arnett, M. (1998), 〈Shortened time horizons and insensitivity to future consequences in heroin addicts〉, Addiction, 93(5), 729-738.

생각해 봅시다

1. 어릴 때부터 지금까지 살아오면서 가장 호기심이 강했던 때는 언제인가요?

2. 호기심 때문에 충동적으로 시도했던 행동은 무엇인가요?

3. 지금 당장의 만족을 위해서 미래의 더 큰 행복을 포기한 적은 없는지 생각해 보세요.

6

중독되기 쉬운 것들이
따로 있나요?

네, 그 자체로 중독성(예로 흡연)이 강한 것도 있고,
환경적인 영향으로 청소년이 빠지기 쉬운
중독 행위들(예로 인터넷 중독)도 있어요.

중독의 종류와 상관없이

그것과 너무 '가까이' 있으면

위험합니다.

아직도 기억에 남는 게 있어요. 중학교 1학년 때였어요. 옆 반 담임 선생님이 한 학생의 소지품을 가지고 나와서 소각장에서 태우셨어요. 알고 보니 그 소지품의 주인인 학생이 접착제와 부탄가스를 과다하게 흡입하다가 쓰러진 후 안타깝게도 영영 깨어나지 못했다고 합니다. 당시 많은 친구들이 슬퍼했어요. 지금은 이렇게 흡입제를 몰래 사용하다가 사망하는 일이 매우 드물지만 30년 전만 해도 자주 목격되었죠. 접착제 등은 학생이 쉽게 살 수 있는 물건이라 더더욱 막기가 어려웠던 시절이었어요.

오늘날에도 네팔, 브라질 등 가난한 나라의 어린 고아들 사이에서 배고픔을 잊기 위해 거리 위에서 접착제를 흡입하는 경우가 많이 보고되고 있죠. 그런데 30년 전에는 상상도 못했던 또 다른 위험한 중독들이 최근 청소년들 사이에서 발생하고 있습니다. 많은 청소년들이 중학교 1학년(심지어 초등학교 5, 6학년부터) 때부터 흡연을 시작하고, 온라인 게임 중독부터 인터넷 도박에 빠진 경우(무려 5억 원에 달하는 금액까지)도 있습니다. 여학생의 경우 과도한 체중 감량을 위한 다이어트약 중독 현상도 문제가 되고 있습니다. 여기에 점차 증가하는 청소년 알코올 중독도 문제이고요.

이번 장에서는 과연 중독에는 어떤 종류가 있고, 어떤 것들에 쉽게 중독되며, 또 중독에 쉽게 빠지는 이유에는 무엇이 있는지 소개해 보겠습니다.

물질 관련 장애와 비물질 관련 장애

우선, 중독에 어떤 것들이 있는지 알아볼까요? 예전에는 중독이라고 하면 주로 마약, 음주, 흡연 등이 가장 먼저 이야기되었죠. 특정한 물질을 충동적으로 과다하게 사용하는 바람에 건강이 망가지는 경우가 많았어요. 그런데 1996년에 미국의 정신과 의사 이반 골드버그(Ivan Goldberg)에 의해 '인터넷 중독 장애'가 처음 소개되면서, 2019년에는 세계보건기구가 '게임 장애'라는 새로운 질병 분류를 제안하기에 이르렀죠. 따라서 오늘날 중독은 크게 2가지로 분류됩니다. 하나는 '물질 관련 장애'이고, 다른 하나는 '비물질 관련 장애'입니다. 각각에 해당하는 중독의 사례는 아래 표와 같아요 (해당 내용은 기본적으로 DSM-5를 참고함).*

물질 관련 및 중독 장애	비물질 관련 장애
알코올, 카페인, 대마, 환각제, 흡입류, 아편류, 진정제, 수면제 또는 항불안제, 자극제(암페타민류, 코카인, 기타), 담배	도박 장애, 기타 행위 중독(인터넷 게임 중독, 쇼핑 중독, 일 중독, 성 중독)

이렇게 구분을 지어 보면 중독의 종류가 어느 정도 파악될 거예요. 쉽게 보면 중독의 대상이 특정한 '물질'인지, 혹은 '비물질'(특정한 행위)인지로 구분되고 있죠. 여기서 조금 더 자세하게 분류를 하면 '물질'의 경우 뇌신경세포를 흥분시키는 것인지 억제시키는 것인지에 따라 다시 구분합니다.

* DSM은 〈Diagnostic and Statistical Manual of Mental Disorders〉의 약자로, 우리말로 〈정신질환 진단 및 통계 편람〉이라고 합니다. 미국정신의학협회가 출간한 서적으로, 정신질환을 진단할 때 가장 널리 사용되고 있습니다. DSM-5는 2013년 5월에 배포된 5번째 개정판입니다.

그리고 '비물질'의 경우 대표적으로 도박 장애를 이야기하며, 기타 행위 중독의 경우 여러분이 잘 알고 있는 인터넷 게임 중독이 포함됩니다.

- **흥분**(중추신경흥분제) : 담배, 카페인, 암페타민류(필로폰, 엑스터시 등), 코카인
- **억제**(중추신경억제제) : 알코올, 흡입제(가스, 본드 등), 아편류(아편, 모르핀, 헤로인), 수면제 또는 항불안제
- **흥분 또는 억제**(환각제) : 대마, 환각제(LSD 등)

● **참고: 각종 중독에 대한 자가 진단 기준 소개**

'중독 포럼' 사이트(http://www.addictionfr.org/web/content03/index1.php)에는 각종 중독(알코올, 도박, 약물, 인터넷, 게임, 스마트폰)에 대한 간편한 자가 진단 표가 제시되어 있어요. 이곳을 통해 자신의 상태를 확인해 볼 수 있습니다.

펜타닐, 다이어트약, 필로폰 등
청소년을 위협하는 중독 약물

여기서 잠깐! 최근 뉴스를 통해 '좀비 마약'으로 불리는 펜타닐 마약 중독을 많이 접했을 겁니다. 특히 현재 미국 필라델피아 도시에 펜타닐 중독자들이 넘치면서 일명 '좀비랜드'라고도 불리고 있죠. 아래의 표*처럼 펜타닐은 아편류의 신경 억제제로서 의존도와 독성이 가장 강력합니다. 실제 펜타닐은 모르핀의 100배, 헤로인의 50배 이상의 효과

	의존도 및 독성의 크기
신경억제제	펜타닐(좀비 마약) 〉 헤로인 〉 모르핀 〉 수면제 〉 알코올 〉 대마초, LSD, 엑스터시
신경흥분제	필로폰(히로뽕) 〉 코카인 〉 니코틴 〉 펜터민(다이어트약) 〉 카페인, LSD, 엑스터시

* 해당 표는 다음의 자료를 참고하여 정리하였습니다. 1) Bartzatt, Ronald, 「Cannabis toxicity and adverse biological activity」, Research & Reviews in BioSciences 4.1(2010): 4–9.; 2) 《마약 하는 마음, 마약 파는 사회》, 양성관 지음, 히포크라테스, 2023.)

를 일으킨다고 알려졌어요. 치사량이 겨우 2밀리그램(쌀 한 톨의 무게와 같다니 얼마나 작은 양인지 알겠죠?) 정도니까 정말로 무서운 마약이죠. 실제 미국에서 18~45세 청장년층 사망 원인 1위가 펜타닐 과다 복용(2020~2021년 7만 9,000명 사망)이라고 합니다.

한국에서도 몇 년 전부터 래퍼들 사이에서 암암리에 확산되고 있다는 소식과 함께 십 대 청소년 사이에서 펜타닐 중독 문제가 대두되기 시작했죠. 2021년 5월에는 펜타닐 복용으로 청소년 42명이 경찰에 붙잡히기도 했어요. 한국은 병원에서 마약성 진통제(주로 허리디스크 통증, 암 환자 통증 관리에 사용)로서 펜타닐을 피부에 붙이는 패치 형태로 처방받을 수 있습니다. 청소년들은 병원에서 아프다고 거짓말을 하고 별다른 건강보험증 본인 확인조차 없이 처방을 받아 사용했다고 합니다. 건강보험심사평가원에서 공개한 '2016~2020년 펜타닐 패치 처방 현황'을 보면 십 대의 경우 2016~2018년에 약 1,500건에서 2020년에는 1,100건으로 줄기는 했지만, 여전히 1,000건이 넘는 상황입니다.

이처럼 펜타닐은 강력하고 빠른 효과, 그리고 강한 중독성 및 독성을 가진 매우 위험한 약물입니다. 그 외에도 다양한 중독 및 금단 증세(극심한 변비 및 복통, 심한 구토, 치아 손상, 졸림, 저산소증에 의한 뇌 손상, 섬망, 근육 강직, 무도병 등)에 매우 빠르게 빠져듭니다. 모든 중독성 물질들이 그렇지만 펜타닐의 경우 절대로, 단 한 번의 호기심에서라도 시도해서는 안 됩니다.

그 다음으로 최근 청소년들, 특히 여학생들 사이에서 문제가 되는 중독성 약물은 바로 다이어트약(일명 '나비약')이에요. 앞의 표에서 다이어트약은 중추신경흥분제에 속하는 것으로 약을 먹으면 잠이 오지 않고, 입이 바짝 마르며, 긴장된 상태에서 식욕까지 줄어듭니다. 먹는 양이 줄어드니 체중이 감소하겠죠. 문제는 다이어트약인 펜터민의 경우 기본적으로 중독성이 있어(다이어트약이 중독성이 있다는 사실을 잘 모르는 사람이 많아요) 약을 끊기 어렵다는 점입니다. 중단 후 식욕이 증가하면서 체중이 늘어나자 약을 끊지 못하고 지속적으로 복용하는 거죠. 국내에서는 펜터민을 치료용으로 기본 4주에서 길게는 3개월만 처방하도록 되어 있어요. 펜터민을 장기간 고용량으로 사용하다가 갑자기 끊으면 극심한 피로, 우울증, 수면 장애 등이 금단 증세로 발생할 수 있습니다.

그런데 최근 기한을 넘겨, 또 스스로 약물 용량을 늘려서 복용하는 문제가 발생하고 있습니다. 2023년 2월에 20대 초반의 여성이 7종류의 다이어트약을 4개월 넘게 복용한 상태에서 환각 상태로 운전을 하다 교통사고를 일으킨 일도 있었습니다. 다이어트약은 중독성이 있어 마약류와 같이 엄밀하게 의사의 처방으로만 관리되고 있음에도, 불법으로 구매를 하는 청소년들이 적발되고 있습니다. 펜터민은 오직 치료의 목적으로서 의사의 전문적 관리 하에 단기간만 복용해야만 합니다.

마지막으로, 2023년 1월에 17세 여학생이 불법 구매한 필로폰을 직접 주사한 뒤 구토와 함께 의식을 잃고 쓰러진 채 발견된 일이 있었습니다. 그리고 같은 해 3월, 14세 여학생이 집에서 필로폰을 주사한 후 부모에게 발견되었고요. 이후 같은 반 남학생 2명이 함께 필로폰을 투약한 것으로 알려졌죠. 이들은 SNS 메신저(텔레그램 등)를 통해 CCTV가 없는 곳에서 '던지기' 수법으로 필로폰을 어렵지 않게 구했다고 합니다. 필로폰(일명 '히로뽕'이라 불리는 마약)은 신경흥분제 물질 중 가장 강하고, 중독성 및 독성이 큰 마약입니다. 과거에 감기약으로 마약을 만들었다는 기사가 보도된 적이 있었는데, 그때 만들려고 시도했던 마약이 바로 필로폰입니다. 필로폰은 합성 마약(메스암페타민)으로 일본에서 1941년에 처음 출시된 약물이었어요. 피로 회복제로 판매되고, 전쟁터에서 군인들이 공포심과 피로를 잊기 위해 사용했죠. 하지만 중독 및 금단 증세의 위험성이 알려지면서 대부분의 국가에서 1970년대에 금지 약물이 되었어요. 공격성이 증가하고, 강박적인 행동, 망상, 이를 강하게 부딪치고 침샘이 말라서 치아의 손상이 빠르게 진행됩니다. 또한 필로폰의 가장 큰 문제는 바로 강력한 금단 증상(특히 우울감)이 오래 지속된다는 점입니다. 추가로 상상을 초월하는 가려움증(피부 속에 벌레가 기어가는 느낌)을 겪으며 많은 상처가 생긴다고 합니다. 필로폰은 1~3회 연속 사용할 경우 즉각적으로 의존성에서 중독성까지 발생하는 무서운 마약입니다. 절대로 시도하는 일이 없어야 합니다.

그 외에도 대표적 환각제로 알려져 있는 엑스터시, LSD가 있어요. 첫 번째, 엑스터시의 경우 화학명(메틸렌 디옥시-메스암페타민)을 줄여 MDMA라고도 합니다. 일명 '파티용 마약'으로 알려져 있는 마약으로, 화려한 색상에 캐릭터가 새겨진 알약 혹은 사탕 형태로 유통되어서 마치 불량 식품처럼 보이기도 합니다. 하지만 이것 역시 불법 마약입니다. 물론 불순물만 없다면 다른 마약에 비해 그 자체로 위험한 약물은 아니지만, 심한 탈수 증세를 일으켜 열사병으로 사망에 이를 수도 있어 매우 위험합니다. 두 번째, LSD(리세르그산 다이에틸아마이드) 역시 가장 유명한 환각제에 속합니다. 보통 네모난 작은 종이에 액체 상태의 LSD를 뿌려서 말린 형태로 유통됩니다. 작은 우표처럼 생긴 종이 위에 여러 만화 캐릭터들이 새겨져 있어 가볍게 생각할 수도 있지만, 양극단의 감정을 오가는 등 통제가 안 되는 환각 증세에 빠질 위험이 있습니다. 심지어 자신이 하늘을 날 수 있다고 착각해 옥상에서 뛰어내리는 일도 발생한다고 하죠. 그리고 심한 환각 상태에서 타인에게 폭력을 가할 위험도 있습니다.

정말 마지막으로 대마초에 대해서 이야기해 볼게요. 대마초(혹은 마리화나)는 대마잎을 담배처럼 말아서 불을 붙여 연기를 마시는 방식으로 사용되고 있죠. 신경 억제 효과가 적으며, 의존도 및 독성도 니코틴과 알코올(담배와 술)보다 적습니다. 그래서 여러 나라에서 합법화되기도 했으며, 한국에서도 치료 목적으로는 사용이 허가되고 있습니다. 이런 측면만 본다면, 대마초를 여가용 놀이로 생각할 수 있을 겁니다. 하지만 2가지 측면에서 대마초 역시 절대 해서는 안 됩니다.

첫째, 대마초는 엄연한 불법 마약으로 항상 다른 마약들과 혼용되어 사용될 위험성이 도사리고 있습니다. 대마초는 기대했던 것보다 '약해서' 결국 더욱 센 마약으로 넘어가는 발판으로 이용되기도 하거든요. 둘째, 대마초는 액상 추출액으로 전자 담배 기기에 넣어 사용할 수도 있습니다. 2019년 9월 미국 질병통제예방센터의 발표에 따르면, 액상형 전자 담배 사용자 13명이 폐 질환으로 사망했는데, 대마초 복합 물질을 첨가한 전자 담배를 사용한 것이 원인으로 지목되었죠. 실제로 당시 폐 질환 입원 환자(2,200명) 중 82퍼센트가 액상형 전자 담배에 대마 성분을 사용한 것으로 알려졌습니다. 따라서 대마초를 새로운 방식으로 활용할 경우 생명의 위협까지 발생할 수 있음을 명심해야 합니다.

종류에 따라 다른 위험성과 독성

중독은 그것이 물질에 의해서든, 특정 행위에 의해서든 그 종류가 다르다 하더라도 모두 뇌에서 동일한 경로를 통해 중독이 발생한다는 사실이 밝혀졌죠. 여기에는 앞서 소개했던 쾌락 중추와 도파민 호르몬이 관련되어 있어요. 그렇지만 중독 물질의 종류에 따라서 그것이 인체에 가져오는 결과는 차이가 납니다.

1994년, 미국 국립약물중독연구소는 물질 자체의 특성 중에서 중독성이 강한 대로 순위를 매겼어요. **1등은 니코틴**, 2등은 헤로인, 3등(공동)은 코카인과 알코올, 4등은 카페인, 5등은 대마초였어요. 예상과 조금 다른가요? 흔한 담배 연기 속 니코틴이 1등이라니? 그렇다면 중독 물질의 독성으로 따져 보면 어떨까요? **1등(공동)은 헤로인과 알코올**, 2등은 코카인, 3등(공동)은 니코틴과 대마초, 4등은 카페인이었죠. 2개의 순위표 중에서 헤로인이나 코카인, 대마초는 모두 불법 마약이니, 청소년에게 중요한 물질은 우선 니코틴과 알코올, 그리고 카페인일 겁니다.

여기서 여러분이 꼭 기억했으면 하는 2가지 사실이 있어요. 첫째, 흡연(니코틴)이 그 자체로 불법 마약 못지않게 강한 중독성을 지니고 있다는 점이에요. 둘째, 음주(알코올)는 불법 마약과 공동 1등을 할 만큼 독성이 매우 강한 물질이에요. 여러분이 편의점에서 쉽게 접하는 2개의 물질이 얼마나 중독성이 강하고, 위험한 독성을 지니고 있는지 잘 알겠지요?

최근 청소년들 사이에 인터넷 중독이나 도박 중독 같은 문제들이 새롭게 떠오르면서 흡연과 음주가 크게 주목받지 못하는 것 같기도 합니다. 이미 법으로 청소년에게 담배와 술의 판매가 금지되어 있기도 하고요. 하지만 현실에서는 다양한 경로를 통해서 미성년자가 어렵지 않게 담배와 술을 구매하고 있는 상황이니 더욱 더 주의해야 해요.* 앞서 설명했듯, 이 둘은 각각 중독성과 독성이 매우 강하기 때문입니다.

더욱이 청소년 시기에 시작한 흡연과 음주는 대부분의 경우 성인이 되어서도 중단되지 않고 지속되거나 더 심해질 수 있습니다. 사회생활의 범위도 넓어지고, 담배와 술을 구매하기에 합법적인 연령이 되었기 때문이죠. 그렇지만 흡연은 장기간 이어지면 치명적인 질병의 원인이 될 수 있습니다. 실제로 1990년대에 미국에서 흡연으로 인해 사망한 사람의 수가 술, 코카인, 헤로인으로 사망한 사람들의 숫자를 모두 합친 것의 무려 3배에 달했다고 합니다. 엄청난 수치입니다. 젊은 시절에 시작해서 오랜 기간 흡연을 지속한 결과겠죠. 이처럼 흡연은 당장 여러분의 건강에 문제가 없다고

* 김관욱 · 김희진, 「2019년 청소년 흡연 및 음주 양상에 대한 질적연구」, 대한금연학회지, 2023 Sep; 14(3)

해서 무시할 수 있는 것이 아니에요.

그리고 잠깐! 음주와 관련해서도 정말 중요한 연구 결과 하나를 소개하려 합니다. 2010년에 세계적인 학술지 〈란셋〉에 실린 논문에 따르면* 각종 중독성 물질 중에서 그것의 사용자는 물론이고 주변 다른 사람들에게 주는 해로움까지 모두 포함해서 고려할 때, 사회에서 가장 해로운 중독 물질은 바로 '술'이었다고 합니다. 그 다음이 헤로인, 코카인이었어요. 이게 어떤 의미일까요? 술을 장기간 많이 마실수록 사용자의 신체에 문제가 발생할 겁니다. 그런데 과음은 이에 그치지 않고 음주 운전 사고, 음주 후 폭행 등과 같은 사건들을 초래하고 이것은 술을 마시지 않은 타인에게도 해를 입히는 것이죠. 따라서 개인이 아니라 사회 전체를 고려할 때 음주는 아주 큰 해악을 끼칠 수 있습니다. 그러니 내가 좋아서 마시는 것인데 아무 문제없다고 쉽게 생각해서는 안 됩니다.

---

* Nutt, David J., Leslie A. King, and Lawrence D. Phillips., 「Drug harms in the UK: a multicriteria decision analysis.」, The Lancet 376.9752 (2010): 1558-1565.

청소년에게 높은 중독성을 보이는 것들

그럼 청소년의 경우, 현재 물질 및 행위와 관련된 중독 수준은 어느 정도일까요? 관련된 최근의 조사 결과들을 소개하자면 다음과 같아요(단, 흡연율과 음주율은 중독 정도가 아닌 현재 흡연을 하고 있는지, 음주를 하는지를 파악한 겁니다).

- **청소년 흡연율:** 남 6.0%(중 1.9%, 고 10.1%) / 여 2.7%(중 1.5%, 고 3.8%)(2020년 기준, 출처: 질병관리청, [청소년건강행태조사 2020.11.])

- **청소년 음주율:** 남 12.1%(중 5.8%, 고 18.3%) / 여 9.1%(중 5.0%, 고 13.2%)(2020년 기준, 출처: 질병관리청, [청소년건강행태조사 2020.11.])

- **청소년 알코올 의존증 환자:** 남성 22% 증가, 여성 29% 증가 (2016년 기준, 출처: 건강보험심사평가원 2017년 공개 자료)

- **청소년 의약품 중독:** 남 1.4배 증가, 여성 2.5배 증가(2021년 기준, 출처: 건강보험심사평가원 '2017~2021년 의약품 중독 진료 현황')

- **청소년 도박 중독:** 4년 사이 약 3배 증가(2021년 기준, 중고등학생 재학생 중 2.4% 도박 문제 위험 집단)(출처: 건강보험심사평가원 '청소

년 도박 중독 진료 현황' 2022년 공개 자료)

● **청소년 인터넷, 스마트폰 중독**: 10~19세 스마트폰 과의존 위험
군이 35.8%, 그중 고위험군 5%(2020년 기준, 출처: 여성가족부
'2020년 인터넷 스마트폰 이용 습관 진단 조사')

위의 조사 결과를 보면 청소년들이 쉽게 빠져드는 중독
의 종류가 무엇인지 어느 정도 파악이 되겠죠? 담배와 술
은 물론이고 인터넷 및 스마트폰에서부터 도박에 이르기까
지 여러 범위에 걸쳐 중독의 문제가 발생하고 있습니다. 그
중 음주와 흡연에 비해 인터넷 및 스마트폰 중독이 좀 더 많
은 청소년들 사이에서 문제가 되고 있지요. 코로나 19 바이
러스의 확산 때문에 비대면 수업이 한동안 지속되면서 이런
문제가 더욱 커졌다고 하네요.

자, 이쯤에서 여러분에게 쉽게 중독에 빠지지 않는 조건
에 대해 말해주고 싶어요. 미국의 저명한 심리학자 웬디 우
드(Wendy Wood) 교수는 습관의 형성에 있어 중요한 요소 중
하나로 **'마찰력'**을 꼽고 있어요. 도로의 마찰력이 클 경우 자
동차가 앞으로 잘 달려가지 못하듯이, 중독 행위를 방해하
는 조건이 많을 경우 중독에 빠지는 것이 어렵겠죠. 물론, 그

반대도 마찬가지고요. 우드 교수는 습관과 관련해서 가장 강력한 마찰력이 바로 '위치'라고 말합니다. 이를 '거리 마찰'이라고도 해요.*

이런 측면에서 볼 때 청소년 여러분에게 거리 마찰이 가장 적은 중독의 종류는 무엇일까요? 네, 그건 당연히 스마트폰일 겁니다. 항상 곁에 두니 거리 마찰은 사실상 0에 가까워요. 그 결과로 앞서 소개했듯 청소년 10명 중 4명이 스마트폰 과의존 위험에 처해 있는 것이죠.

자, 그렇다면 중독에서 스스로를 지키기 위해서 무엇이 필요한지 알겠죠? 일단 '가까이' 해서는 안 됩니다. 여러분이 쉽게 접근할 수 없는 위치에 그 모든 것들을 놓아야 합니다. 반대로 좋은 습관을 키울 수 있는 것들은 최대한 '가까이' 하길 바랍니다.

---

* 웬디 우드 지음, 김윤재 옮김, 《해빗: 내 안의 충동을 이겨내는 습관 설계의 법칙》, 다산북스, 2019, 162~165쪽.

생각해 봅시다

1. 청소년이 가장 빠지기 쉬운 중독 행위 '3가지'를 적어 보고, 그 이유를 생각해 보세요.

2. 사회에서 마약을 금지하는 가장 큰 이유는 무엇일까요?

3. 왜 어른들은 미성년 시기에 술과 담배를 하지 못하게 하는 걸까요?

공부 잘하는 약,
애더럴을 다룬 다큐멘터리
<Take Your Pills>

최근 수능이 얼마 남지 않은 10월이 되면 소위 '공부 잘하는 약'으로 알려진 ADHD(주의력결핍 및 과잉행동 장애) 치료제 '애더럴(Adderall)'의 처방이 급증한다는 기사가 있었습니다. 이는 한국 학생들만의 문제는 아니라고 합니다. 특히 미국 대학생 사이에서 애더럴은 이미 너무나 많이 오남용되고 있습니다. 이와 관련해 실제 미국 대학생들의 이야기를 담은 다큐멘터리가 2018년 넷플릭스에서 <Take your pills(당신의 약을 먹으세요)>라는 제목으로 상영되었습니다. 영상에서 미국의 중독 관련 전문가들은 애더럴 오남용 문제가 과열된 경쟁 사회에서 '정상'에 오르는 것이 가장 중요한 목표가 되어 버린 미국의 현실에서 비롯된 것이라고 지적합니다.

영국의 심리학자 와버튼은 약물을 '성공으로 향하는 화학도로'라고 설명합니다. 서구 사회에서 마치 공식처럼 받아들여지는 것은 바로 "개인+약물=성공"입니다. 실제로 앞서 언급한 다큐멘터리에서 한 대학교 2학년생은 다음과 같은 이야기를 합니다. "좋은 점만 극대화할 수 있는 뭔가가 있다면 당연히 그걸 최대한 활용하고 갖고 싶겠죠. 이렇게 말한 사람도 있어요. (애더럴 약을 복용하는 것은) 시험 보는 날 아침을 든든하게 먹고, 커피 마시는 거랑 똑같잖아. 다른 사람보다 앞서려고 약을 먹는 게 왜 비도덕적이고 비윤리적이야?" 이 학생의 마지막 말, 남을 이기기 위해 약을 먹는 것이 왜 문제가 되는지에 대해 여러분도 한번쯤 생각해 보길 바랍니다.

인터넷/스마트폰 좀
많이 한다고 위험한가요?

인터넷은 다양한 중독 행위(특히 도박)에
빠져들게 하는 블랙홀이에요.

이제는 하루 인터넷 접속 시간이

그 사람의 인생을

결정할지도 모릅니다.

"할머니, 컴퓨터 때문에 엄마와 싸우다가 흥분하는 바람에 엄마에게 용서받을 수 없는 잘못을 저질렀습니다."

위 이야기는 2010년 11월, 부산의 중학교 3학년 학생이 온라인 게임을 하지 못하게 하는 어머니에게 충동적으로 해를 가한 후 남긴 유서의 한 대목입니다. 그렇게 한순간에 2명의 소중한 생명이 안타까운 결말을 맞게 되었어요. 너무나 충격적인 사건으로 한국 사회를 큰 충격에 빠트렸죠. 당시 이 사건이 크게 주목받았던 이유 중 하나는 바로 1년 전인 2009년 3월에 경기도 수원에서 이와 정반대인, 온라인 게임으로 인한 사건이 발생했기 때문이에요. 온라인 게임에 중독된 부부가 3개월 된 아기를 돌보지 않고 피시방에서 길게는 12시간씩 게임에 빠져 있었고, 그렇게 아기는 부모의 돌봄을 받지 못한 채 짧은 생을 마감하게 되었죠. 누구나 쉽게 접할 수 있고, 자주 해 왔던 온라인 게임이 이렇게 극단적인 상황까지 만들었다는 것에 전 국민은 충격에 빠졌어요.

종종 학생들이 인터넷이나 게임이 왜 위험하다고 강조하느냐고 도리어 물을 때가 있어요. 충분히 조절해서 사용할 수 있고, 부정적인 것보다 긍정적인 것이 더 많다고요. 사실 저도 컴퓨터가 가정마다 하나씩 보급되기 시작하고, 인터넷 선이 집집마다 설치되던 그 모든 순간을 경험하며 자랐어요. 그래서 그것이 없던 시절에 비해 삶이 얼마나 편리해졌는지 충분히 경험을 통해 알고 있습니다. 하지만 그때는 이 편리함이 인터넷 중독과 온라인 게임 중독을 초래하고, 더 나아가 가족의 생명을 위태롭게 할 것이라고는 전혀 상상하지 못했어요. 지금부터 왜 인터넷 중독(나아가 스마트폰 중독)이 위험할 수밖에 없는지 이야기해 볼게요.

인터넷이 연결한 세상은 밝기만 할까?

2019년 미국 여론조사기관(퓨 리서치)에 따르면,* 한국은 당시 이미 휴대전화 보급률이 100퍼센트에 달했고, 그중 스

* '한국 스마트폰 보유율 95%…세계 1위', 연합뉴스, 2019년 2월 6일자.

마트폰 사용률이 95퍼센트로 전 세계 1위를 차지했다고 합니다(참고로 미국은 6위, 영국은 9위, 일본은 13위). 그리고 2022년 기준으로 10대에서 40대까지 스마트폰 사용률은 100퍼센트에 달하고 있어요. 여기에 초고속 인터넷 보급률도 82퍼센트(2019년 기준)로 세계 1위이고, 인터넷 속도 또한 1위라고 하니 더 이상 말할 것도 없죠. 정말 인터넷 강국이라 할 만합니다. 상황이 이러하니 한국에서 인터넷 중독과 관련된 '거리 마찰'은 거의 0에 가깝다고 할 수 있어요. 너무나 쉽고 편리하게, 걸리적거리는 어떠한 마찰도 없이 언제 어디서나 인터넷에 접속할 수 있으니까요.

이렇게 인터넷과 일상이 밀접하게 연결되어 있는 현실에서 인터넷 중독이 도대체 왜 무섭다는 걸까요? 저는 그 이유가 크게 2가지라고 생각해요.

● **인터넷 중독이 무서운 첫 번째 이유** : 인터넷 안에 세상의 모든 것이 들어올 수 있기 때문이에요. 게임도, 도박도, 친구도, 음란물도, 각종 불법 행위들(불법 성매매, 불법 마약 구매에 이르기까지)에도 특별한 제약 없이 접근할 수 있습니다.

● **인터넷 중독이 무서운 두 번째 이유** : 이렇게 무서운 인터넷이 컴

퓨터가 아닌 스마트폰을 통해 모두의 손안에 들어왔다는 사실 때문이에요. 마치 요술 램프가 손안에 들어온 것 같죠. 언제나 원하는 것을 손가락 터치 한 번으로 들여다볼 수 있으니까요.

그렇다면 청소년은 인터넷 중독에 어느 정도 빠져 있을까요? 여성가족부가 2020년 6월 29일부터 7월 31일까지 전국 학령 전환기(초등 4학년, 중등 1학년, 고등 1학년) 청소년 133만여 명을 대상으로 실시한 '2020년 인터넷·스마트폰 이용 습관 진단 조사' 결과에 따르면, 사용 시간이 점점 늘어나서 자기 조절이 어려워 주의가 필요한 '주의사용자군'이 2018년 23만 3,397명과 비교해서 무려 4만 9,966명이 증가해 28만 3,363명에 달하는 것으로 나타났어요. 이 결과는 조사에 참여한 학생의 **10명 중 2명**꼴로 사용 시간을 스스로 조절하기 어렵게 되었다는 뜻이에요.

이렇게 과다한 사용 시간만으로도 충분히 문제가 될 수 있어요. 하지만 더 큰 문제는 스스로 조절하지 못하고 인터넷을 이용하다가 해로운 정보에 조금씩 접근하기 시작하면 그때는 정말로 돌이킬 수 없는 큰 문제를 겪게 된다는 점입니다. 그럼 구체적으로 어떤 종류의 중독 문제가 있을 수 있는지 이야기해 볼게요.

다양한 중독 문제를 초래하는 인터넷

인터넷 중독에는 정말 다양한 종류가 있어요. 미국 피츠 버그 대학의 킴벌리 영(Kimberly S. Young) 교수는 최초로 그 종류를 체계적으로 분류하고, 스스로 진단하는 법도 고안했 어요. 그의 분류에 따르면 인터넷 중독에는 1) 컴퓨터 중독, 2) 정보 과부하, 3) 네트워크 강박증, 4) 사이버 관계 중독, 5) 사이버 음란물 중독이 있어요. 이것을 여러분이 알기 쉽 게 소개하면 다음과 같아요.

   1) 네트워크 강박증: 인터넷을 통해 유튜브 영상 등을 끊임없이 시 청하는 것입니다. 잠깐 쉬면서 보려고 유튜브에 접속했다가 몇 시간 동안 스마트폰만 보게 되는 경우 말이에요. 특히 밤에 자려 고 침대에 누워 있을 때 버릇처럼 스마트폰을 켜고 새벽까지 영 상을 보는 행위를 말해요.
   2) 관계 중독: 페이스북, 인스타그램, 트위터, 카톡 등 SNS에 지속

적으로 접속해서 자신의 소식을 올리고, 집착적으로 다른 사람의 글과 사진에 댓글을 쓰고 반응을 하는 행위를 말해요.

3) **게임 중독** : 주로 온라인 게임을 말해요. 컴퓨터 혹은 스마트폰을 활용해서 지나치게 많은 시간 동안 게임에 빠져 지내는 것을 말해요.

4) **도박 중독** : 주로 온라인 도박 게임을 말해요. 특히 요즘은 스마트폰을 활용한 확률형 아이템 뽑기 등 사행성 게임(불확실한 사건에 돈을 거는 게임)이 큰 문제예요.

5) **음란물 중독** : 인터넷 사이트를 통해 불법 음란물을 지나치게 시청하는 것을 말해요. 최근에는 음란 채팅 등도 큰 문제가 되고 있죠.

이렇게 크게 5가지 종류의 인터넷 중독이 있어요. 앞서 말했듯, 이런 모든 중독이 이제는 손안의 스마트폰을 통해 쉽게 발생할 수 있다는 게 문제예요. 최근에는 그래서 스마트폰을 **'작은 쾌감용 애플리케이션을 판매하는 자동 판매기'**라고 부르기도 한답니다. 무엇을 원하든 검색을 하면 찾을 수 있고 클릭을 하면 바로 스마트폰에 설치가 되기 때문이죠.

청소년에게 치명적인 게임과 도박 중독

이런 인터넷 중독 중에 청소년에게 더욱 해로운 2가지 중독이 있어요. 그것은 바로 '게임 중독'과 '도박 중독'이에요. 왜냐하면 이 중독들은 매우 위험한 특징을 지니고 있기 때문이에요.

우선, 게임 중독은 **'폭력성'**을 일으킬 수 있기 때문에 매우 위험해요. 중독의 경우 앞에서 이야기했듯 뇌 안의 쾌락 중추가 자극되어서 도파민 호르몬을 분비합니다. 그런데 게임을 하면 여기에 **아드레날린**이라는 흥분성 호르몬까지 분비됩니다. 위기에 빠졌을 때 솟구치는 호르몬이죠. 위기 상황에 대처할 수 있게 긴장하고 심박 수를 빠르게 올리는 등의 작용을 하죠. 이 호르몬이 적당한 시기에 적당한 양만 분비된다면 문제가 되지 않아요. 하지만 폭력성이 강한 온라인 게임을 오래 하다 보면 아드레날린이 지속적으로 분비되고, 그로 인해서 흥분 상태가 계속 이어지면 충동성과 폭력성이 커질 수 있다고 합니다. 그렇기 때문에 앞에서 소개했던 중학생의 극단적인 폭력성이 발생했던 것이죠.

다음으로 도박 중독이 가진 **'불법성'**으로 인해 돌이킬 수 없는 위험에 빠질 수 있어요. 도박은 결과가 불확실한 사건에 돈을 거는 모든 행위를 말해요. 일명 사행성 게임이라고 하죠. 최근에는 청소년들 사이에 확률형 게임이 유행이라고 합니다. 셋 중에 누가 우승을 할지 1명을 고르기만 하면 운에 따라 돈을 벌기도, 잃기도 하는 겁니다. 아주 간단하게 즐길 수 있어서 호기심과 재미를 주죠. 그런데 요즘은 스마트폰으로 성인 인증 없이도 가입할 수 있는 불법 온라인 도박 게임이 확산되고 있어요. 이때 배팅하는 금액의 상한선마저 없는 경우가 대다수예요. 그 결과, 수백만 원에서 많게는 수천만 원의 돈을 잃게 됩니다. 십 대에게 이렇게 많은 돈이 있을 리가 없죠. 결국 훔치거나 불법적인 행위를 통해 돈을 구하고, 혹은 불법 업체에서 큰 빚을 지는 경우가 대부분이죠. 그렇게 도박은 2차 불법 행위로 이어질 위험성이 매우 높습니다. 그러다 보면 눈덩이처럼 커져 버린 빚 때문에 극심한 스트레스와 정신 장애에 빠지는 경우가 많습니다. 이러한 문제들은 성인이 되어서도 이어지기 때문에 정말 큰 문제입니다.

자, 이제 인터넷 중독의 위험성에 대해 정리해 볼게요. 손안의 스마트폰을 통해 언제 어디서든 원하는 인터넷 사이트에 접속할 수 있어요. 그 편리함이 중독을 예방하는 차원에서는 매우 불리합니다. 거리 마찰이 거의 0에 해당하니까요. 즉, 중독에 이르는 길이 너무나 가까워요. 특히 호기심에, 또는 친구들과 함께 온라인 게임과 도박에 한번 발을 들여놓는 순간 게임의 '폭력성'과 도박의 '불법성'에 휩싸일 가능성이 너무나 큽니다. 따라서 여러분 스스로 그것들과 가까이하지 않도록 각별한 노력이 필요합니다.

 생각해 봅시다

1. 요즘 자신이 인터넷을 많이 사용하는 가장 큰 이유 '3가지'를 생각해 보세요.

2. 평소에 게임을 얼마나 하는 것이 적당한 수준이라고 생각하나요?

3. 청소년이 SNS(인스타그램 등)를 자주 사용하는 이유가 무엇인지 생각해 보세요.

스마트폰 중독에 대한 내부 고발,
다큐멘터리 <소셜 딜레마>

여러분은 스마트폰으로 SNS를 얼마나 자주 사용하세요? 오로지 여러분 개인의 자율적 의지에 의해서만 애플리케이션을 사용하시나요?

SNS의 중독에 대해 내부자의 증언이 담긴 넷플릭스 다큐멘터리가 있어 소개합니다. 제목은 〈The Social Dilemma(소셜 딜레마)〉입니다. 이 다큐멘터리는 어떻게 인터넷 기업들이 우리의 주의 집중력을 빼앗아 최대한 오랜 시간 동안 광고에 노출되게 만드는지를 내부자의 고백을 통해 알려줍니다. 특히 여러분이 오해하고 있는 가장 중요한 사실은 특정한 인터넷 애플리케이션의 알고리즘이 나에게 필요한 정보를 보여 준다고 믿는다는 점입니다. 알고리즘은 여러분의 눈길을 끌 만한 것을 찾으려는 것일 뿐입니다.

그렇게 눈길을 끄는 것들은 일명 '부정 편향(negativity bias)'이 강한 것들로, 자극적인 소재들(특정 사건의 부정적 측면이 크게 부각되는 내용들)로 이루어져 있습니다. 마치 불구경이나 싸움 구경에 사람들이 흥미를 갖는 것처럼 말이죠. 따라서 많은 시간을 빼앗겨 스마트폰 중독에 이르는 것뿐만 아니라 콘텐츠 자체도 해로운 경우가 많다는 사실에 주의해야 합니다.

중독에 잘 빠지는
유형이 있나요?

물론 그런 유형이 있긴 있어요.
하지만 환경도 그만큼 중요하답니다.

너무 자극적인 것을 시도해서도,

또 지나치게 많이,

정기적으로 해서도 안 됩니다.

"인터넷이나 게임 자체가 문제가 아니라 조절 못하는 사람이 문제 아닌가요?"

요즘 인터넷 중독이나 여러 중독 문제를 이야기하면 제대로 조절을 못하는 개인의 문제라고 지적하는 경우가 있어요. 여러분도 그런 경험을 몇 번 해 보았을 거예요. 누구는 잘 조절하는데 너는 왜 그렇게 못하느냐고 꾸중을 듣기도 하고요. 그럴 때면 이런 의문이 들 거예요. "중독에 잘 빠지는 사람이 따로 있을까?"

만일 이것에 정답이 있다면 자신이 그런 유형에 해당하는지 아닌지를 비교해 보고 싶을 겁니다. 이와 관련해서 여러 학자들이 많은 연구를 해 왔어요. 그래서 대표적인 '보호 요인'과 '위험 요인'을 정리해 보았어요.

청소년 중독에 대한 보호 요인 및 위험 요인*

	보호 요인	위험 요인
개인	긍정적 자존감 분명한 장래희망 사회적 유능감 자기통제성 스트레스에 대한 적극적 대처	우울, 불안 공격성/충동성 부정적 자존감 음주 및 흡연 경험 회피 중심
친구	친한 친구 건전한 과외 활동	친구의 비행 여부
가족	부모의 관심과 신뢰 가족의 지지	학대 부모 부모와의 갈등 양육 태도 반사회적 가족 구성원 가정 결손
학교	학교생활의 흥미 학업에 대한 관심 교사의 관심과 지지	학업 성적 학교에 대한 흥미 없음 교사의 무관심 방과 후 시간 낭비
지역 사회	지역 주민의 관심과 애정	지역 사회 유해 환경

* 참고: 〈청소년 도박 문제 보호 · 위험 요인 척도 개발〉, 김용석 지음, 정신건강과
사회복지 48.4, 2020, 34–66.

청소년 개인에서부터 또래 친구, 가족, 그리고 학교와 지역 사회까지 정말 거미줄처럼 많은 요인들이 누군가를 쉽게 중독에 빠트리고 혹은 방지하는 데 영향을 주고 있죠. 어느 것 하나 중요하지 않은 게 없어요. 누군가 단순히 호기심이나 재미로 중독에 첫발을 내딛게 되었다고 이야기한다면, 그것은 사실 진짜 이유가 아닐 수 있어요. 정말 그런 이유였다면, 중독까지 이르지 않았을지도 모릅니다.

이 표가 말해 주는 것은 우리가 쉽게 생각하는 중독의 '원인' 또는 '동기'를 딱 하나로 손꼽을 수 없다는 거예요. 그것은 **균형의 문제**예요. 즉, 중독의 '보호 요인'보다 '위험 요인'이 더 크면 발생할 위험이 커지는 것이죠. 중독의 계기는 그저 겉으로 보이는 이유일 뿐이에요. 그 뿌리에는 다양한 요인들의 줄다리기가 팽팽하게 이루어지고 있답니다.

개인의 부족함을 친구와 가족이, 가족의 부족함을 친구와 학교가 채워 줄 수도 있을 겁니다. 반대로 가족과 학교의 지지가 부족한 상황에서도 개인 혹은 친구의 노력으로 극복할 수도 있죠. 그러니 누군가 중독에 빠졌다고 무조건 비난해서는 안 됩니다.

잠깐, 저는 중독된 걸까요?

일단 이런 의문이 드는 청소년들이 있을 겁니다. "제가 정말 중독이 맞나요?" 자신의 중독 여부에 대해서 중독 자가 진단표*를 활용해서 간단하게 확인해 볼 수 있어요. 그런데 항상 자신은 친구랑 있을 때만, 기분이 우울할 때만, 혹은 등하굣길에만 그런 행동들을 한다며 중독은 아니라고 강조하는 경우도 있어요. 이것은 중독의 5단계를 알면 조금 이해가 될 거예요. 물론 꼭 이러한 단계를 거치는 것도 아니고, 각각의 단계 중 몇 개가 함께 발생하고 유지되는 경우도 있을 겁니다. 제가 여러분에게 이것을 설명하는 이유는 자신의 행위가 어느 위치에 와 있는지 한 번쯤 들여다봤으면 해서입니다.

◎ 물질 중독의 일반적인 5단계 흐름

1단계) 실험적 사용 = 호기심 단계

* 중독 자가진단표는 '중독포럼' 사이트(http://www.addictionfr.org/web/content03/index1.php)에 제시된 각종 중독(알코올, 도박, 약물, 인터넷, 게임, 스마트폰) 진단표를 활용하면 편리합니다.

2단계) 사회적 사용 = 또래 친구들과 함께 사용하는 단계

3단계) 도구적 사용 = 쾌락 추구를 위해 사용하는 단계

4단계) 습관적 사용 = 의존 단계

5단계) 강박적 사용 = 중독 단계

자, 여러분은 위의 단계 중 어느 곳에 속해 있나요? 문제가 되는 마지막 5단계를 제외하고 생각해 보면, 1단계에서 4단계에 속하는 크고 작은 행위들이 있을 겁니다. 그럼 단계별로 어떤 차이가 있는지 온라인 게임을 예로 들어볼게요.

처음에는 정말 호기심에 시도해 볼 수도 있습니다. 그 후에는 또래 친구들과 함께 어울릴 때 하는 정도일 수 있겠죠. 그러다가 지루하거나 기분이 좋지 않을 때마다 자주 게임을 할 수도 있을 겁니다. 그렇게 자꾸 반복하다가 학교가 끝난 저녁마다, 혹은 밤마다, 주말마다 습관적으로 컴퓨터를 켜고 게임에 접속하게 될 수 있습니다. 여기에서 멈추는 경우도 있지만, 몇 시간 정도 게임을 하지 않고 있을 때면 초조하고 불안한 마음이 생겨서 자신도 모르게 쉬지 않고 게임에 몰두하는 중독 상태에 빠질 수도 있습니다. 어떤가요? 중독은 '가랑비에 옷 젖는 줄 모른다'라는 속담처럼 자신도 모르게

빠져들 수 있다는 것을 이해할 수 있을 겁니다.

중독에 빠지는 핵심 이유 2가지

1. 많이, 정기적으로 할 때

여러분이 중독과 관련해서 가장 잘못 알고 있는 사실이 있어요. 사람들이 중독되었기 때문에 중독 행위를 반복한다고 생각할 겁니다. 하지만 이것은 앞뒤가 바뀐 이야기예요. 진실은 그러한 행위를 '많이, 정기적으로' 시도했기 때문에 중독에 빠지게 된다는 것입니다. 그러니 처음부터 중독된 사람이 있는 것이 아니라 너무 많이, 반복적으로 시도하는 것이 항상 먼저 이루어지는 거죠. 앞서 1단계에서 5단계까지 중독의 단계를 설명했죠. 호기심에 시작했다고 해서 자동으로 중독 단계까지 가는 것은 아니에요. 분명한 건 호기심에 했더라도 '많이, 정기적으로' 시도한다면 중독의 단계에 빠지는 겁니다. 이 말은 곧, 언제든 중독에 이르기 전에 멈출 수 있는 기회가 있다는 뜻입니다.

2. 너무 자극적인 쾌락을 시도할 때

똑같이 호기심에 시도를 해도 중독 단계에 더 빠르게 도달하는 행위 혹은 물질이 있어요. 이건 인간의 뇌가 가지고 있는 중요한 특징 때문이에요. 어떻게 보면 그 특징 때문에 우리는 중독에서 완전히 자유로울 수는 없을 거예요. 인간의 몸이 체온을 항상 정상 수준으로 유지하려는 것처럼, 기분 또한 늘 정상 수준으로 유지하려는 특징이 있어요. 그래서 아무리 기쁜 감정이 생겨도 그것이 지속되지는 않고 시간이 지나면 평소처럼 가라앉게 되어 있죠. 이것은 자동적으로 일어나는 것이 아니라 균형을 지키려는 뇌의 작용 때문에 그렇습니다. 그런데 만일 나쁜 약물 같은 것을 사용해서 아주 극단적인 쾌락을 경험하게 될 경우, 뇌는 이를 원래대로 만들기 위해서 더욱 큰 반작용을 시도합니다.

그렇게 되면 지나친 쾌락이 끌려 내려오면서 매우 불쾌한 기분으로 떨어집니다. 마치 물 위로 너무 높이 뛰어오르면 떨어질 때 그만큼 물속으로 깊이 들어갔다가 수면으로 올라오는 것처럼 말이죠. 그렇게 불쾌한 기분이 크게 따라오면, 반대로 극단적인 쾌락의 물질을 다시 쓰고 싶은 충동이 생깁니다. 뇌에 그 기억이 남아 있기 때문이죠. 그렇게 자

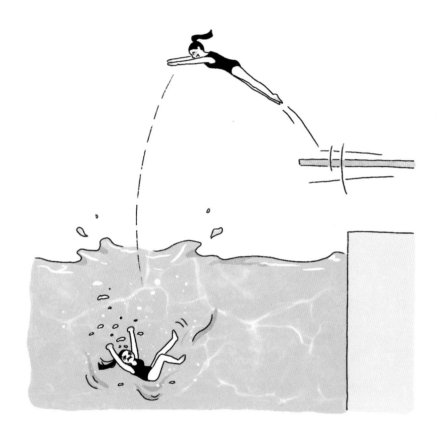

주 사용하다 보면 쾌락의 크기는 이전보다 작아지고 반대로 불쾌한 기분의 크기와 시간이 커지게 된답니다.

자, 그러니 호기심에라도 너무 자극적인 쾌락을 좇아 위험한 시도를 해서는 안 되겠죠? 더욱 짜릿한 전율을 느끼기 위해 더 높은 절벽 위에 올라가 뛰어내리면 물속으로 더 깊이 빠져들 수 있으니 꼭 주의하세요.

중독에 취약한 MBTI가 있나요?

아뇨, 그렇진 않습니다. 앞서 언급했듯 환경(보호 요인, 위험 요인)이 매우 중요한 역할을 하기 때문이죠. MBTI만으로 중독을 말하는 것은 자칫 중독을 특정 개인의 성격 문제로 쉽게 단정 짓는 오류를 범할 수 있답니다. 출신, 배경, 나이, 성별 등으로 중독의 이유를 구별 짓는 것이 위험하듯이 얼마든지 변할 수 있는 MBTI 유형을 가지고 중독 취약 여부를 판단하는 것 또한 위험합니다. 따라서 절대로 누군가의 MBTI를 가지고 "너 잘 중독된대!"라는 식의 표현을 해서는 안 됩니다. 실제로 26명의 대학생을 대상으로 시행한 사회 심리학 연구 논문에서도 MBTI와 도박 중독과의 유의미한 통계적 연관성은 없는 것으로 나왔습니다.*

* Gatis, Michael Athanasios, 〈Gambling addiction and personality type.〉, M.A. Thesis in Educational Psychology, Rowan University, 2000.

다만, 최근 학생들 사이에서 MBTI를 통해 자신의 성격을 좀 더 이해하고 이를 학업 및 여러 사회생활에 활용하고 있는 경우가 많아 참고 목적으로 짧게 소개하고자 합니다. 절대적인 것이 아니니 분명 예방을 위한 참고로만 이해해 주길 바랍니다.

MBTI는 '마이어스-브리그스 유형 지표'의 줄임말로 사람의 성격 유형을 16가지로 분류하는 검사입니다. 각각의 유형은 4가지의 특징들로 조합되어 있어요. E(외향형) 혹은 I(내향형), S(감각형) 혹은 N(직관형), T(사고형) 혹은 F(감정형), J(판단형) 혹은 P(인식형), 이렇게 4가지 대비되는 유형 중 하나씩을 선택해 4개의 조합을 만들어 개인의 성향을 예측하는 것입니다. 현재 학술적으로 16가지 MBTI 유형과 중독과의 연관성에 대한 연구는 소개되고 있지 않습니다. 다만 각 유형들의 특징으로 소개된 성격들 중 4가지 유형의 경우에 중독과 관련해서 위험성이 있을 수 있다고 해석한 내용이 있어 한 번 정리해 보았어요.*

* 관련된 내용은 미국 상담심리학 전공자(Molly Owens)가 나름의 분석 및 예측한 의견들이고 대규모 비교 연구 결과는 아닙니다. 다만 충분히 참고해 볼 수 있는 내용들이라 판단되어 정리하여 소개해 드립니다(출처: https://www.truity.com/blog/personality-type/).

MBTI 유형	중독 유형	특징
ISFP	약물 중독 음식 중독	기분 장애가 많은 유형. 매우 민감하고, 쉽게 지루해하며 미래에 대해 큰 계획을 세우지 않는 유형으로 약물 중독에 취약할 수 있다고 판단되는 유형. 특히 기분 장애와 관련해서 폭식 등 강박적인 음식 중독에 주의가 필요함.
INTP	약물 중독 인터넷 중독 게임 중독	상상력이 풍부하고 호기심 많은 유형. 대학생 중 알코올 및 약물 사용 금지 정책을 가장 많이 위반하는 유형이라고 함. 중독 위험이 매우 높은 유형은 아니지만, 약물 중독과 관련해서 주의가 필요함. 또한, 호기심과 상상력 때문에 인터넷과 게임에 가장 흥미를 가질 유형으로 인터넷 중독과 게임 중독에 주의가 필요함.
ESFJ	나쁜 습관	ISFP의 반대로 중독에 별로 취약하지 않을 수 있는 유형. 하지만 매우 사교적이고 변화를 싫어해서 자칫 단순한 습관에 빠져서 중독에 이를 수 있는 위험이 다소 있음.
ESTP	도박 중독	반사회적 성격이 많이 연관된 것으로 알려진 유형. 도박 중독의 경우 반사회적 성격 장애가 연관성이 크다고 알려져 있어 도박 중독에 대한 주의가 필요함.

사실 저는 이 분석에 완벽히 동의하지는 않습니다. MBTI 유형과 중독 유형을 소개한 이유는 이렇게 성격 유형을 구분 짓는 것만으로는 어떠한 중독도 미리 예측하거나 예방할 수는 없다는 것을 말하고 싶어서입니다. 다만, 청소년들이 온라인 및 오프라인에서 합법적·불법적 통로를 통해 점점 더 다양한 중독 물질과 중독 행위들에 노출되고 있는 현실에서 각자가 최대한 주의를 기울이는 데 조금이나마 도움이 되었으면 합니다.

 생각해 봅시다

1. 여러분은 중독에 잘 빠지는 유형의 사람이 따로 있다고 생각하나요?

2. 청소년이 중독에 빠지지 않게 보호해 줄 수 있는 것 '3가지'를 생각해 보세요.

3. 청소년을 중독에 쉽게 빠지게 만드는 위험한 것 '3가지'를 생각해 보세요.

공동체 문화로 병을 예방했던 이탈리아 이주민들의 로제토(Roseto) 마을 이야기

1960년대 미국 의사들의 가장 큰 고민은 심장병이었습니다. 비만, 술, 담배 등으로 성인병이 많아지면서 심장의 혈관에 문제가 생겨 사망하는 미국인이 부쩍 늘어났기 때문입니다. 그런데 이상하게도 당시 펜실베이니아 지역의 로제토 마을에 살던 이탈리아 이민자들은 심장병을 앓는 경우가 극히 드물었습니다. 이들이 특별히 술과 담배를 멀리하진 않았어요. 오히려 그 반대라면 모를까요.

이들에게 비밀이 있는지 궁금했던 미국의 브룬 박사와 울프 박사는 연구를 진행했고, 그 결과를 '로제토 스토리'라는 이름으로 발표합니다. 그들이 목격한 것은 이주민들이 삶을 즐기며 활기차게 지내는 모습이었어요. 그중 특징적인 것은 바로 상호부조의 고유한 마을 문화였습니다. 그것은 '내가 속해 있는 공동체가 나를 보호해 줄 수 있다는 확신, 내가 위기에 처했을 때 주변 사람이 함께 해 줄 것이라는 확신'을 기반으로 한 것이죠.

그런데 1960년대 이후 로제토 마을의 후손들은 급격히 미국 문화에 흡수되기 시작했고, 그 결과 공동체에 대한 기여보다 개인의 삶을 우선시하는 것에 익숙해졌어요. 그 결과 사회적 결속과 지지는 감소했고, 심장병 발병율은 미국인들의 평균과 비슷하게 상승했습니다. 로제토 스토리를 통해 우리는 주변 사람들과 서로 돕고 의지하는 문화가 여러 일상적 중독의 해로움으로부터 서로를 지키고 더욱 건강하고 행복하게 만들 수 있다는 사실을 알 수 있습니다.

한번 중독되면 다시는
끊어낼 수 없나요?

아니요. 끊어낼 수 있습니다.
다만, 재발할 위험도 큰 게 사실이에요.

시간(90일), 장소(멀리하기),

운동(반드시), 이 3가지를

꼭 지켜 주세요.

"선생님, 한번 중독되면 완전 끝인가요? 벗어날 수 없나요?"

아니요, 그럴 리가요. 중독은 반드시 끊어낼 수 있어요. 우리의 뇌는 일명 '뇌 가소성'이라는 성질을 가지고 있습니다. 앞서 중독에서 가장 중요한 말썽꾸러기 호르몬이 '도파민'이라고 했죠. 중독되면 뇌 안에 이 도파민이 오가는 오솔길, 즉 쾌락의 경로(혹은 고속도로)가 생겨요. 이 도파민 길이 한번 생기면 더 충동적으로, 더 많이, 더 참지 못하고 중독 행위를 반복하게 되죠. 그런데 정말 다행인 것은 그 행위를 완전히 중단하면 이 도파민 길이 사라진다는 사실이에요. 이런 특징을 '뇌 가소성'이라 부릅니다. 이 성질 덕분에 중독의 늪에서 일차적으로 벗어나게 됩니다.

그렇지만 당연히 주의해야 할 점도 있어요. 만약 도파민 길이 완전히 사라지기 전에 다시 중독 행위를 시도하면 그 길은 정말 쉽게 되살아납니다. 따라서 중독에서 벗어나길

진심으로 원한다면 오랜 기간 동안 중독 행위를 보지도, 듣지도, 하지도 말아야 합니다. 절대 호기심에라도 '딱 한 번만 해 보자'라는 마음을 가져서는 안 됩니다. 예를 들어 보름이나 한 달 동안 잘 참은 스스로를 자축하는 의미에서 잠깐이라도 이전의 행위를 시도한다면 원래 상태로 순식간에 되돌아갈 수 있습니다. 중독에 대한 작은 불씨가 뇌 안에 남아 있을 때에는 절대적인 주의가 필요해요.

중요한 사실이 하나 더 있어요. 도파민 길은 시간이 지나면 사라지지만, 그 경험에 대한 기억은 여전히 남아 있다는 겁니다(이것을 '일화 기억'이라고 해요). 그리고 그 기억에는 당시의 감정이 함께 저장되어 있어요. 그 감정의 강도가 크면 클수록 기억은 더욱 오랫동안 남아 있고, 빠르게 기억의 저장소에서 불러낼 수 있어요. 따라서 아무리 중독을 극복하고 벗어났다고 해도, 기억은 평생 이어질 수도 있겠죠. 그 기억이 남아 있는 한, 한번 빠졌던 중독에 언제든 다시 빠져들 위험이 도사리고 있어요. 그러니 절대로 호기심에 다시 시도해서는 안 됩니다.

자, 그럼 중독에서 벗어나기 위해 청소년 여러분에게 가장 중요한 3가지를 먼저 소개해 줄게요. 이것을 앞으로 '**중독**

'극복의 3박자'라 부르려 합니다. 여기에는 '시간, 장소, 운동'이
들어갑니다. 하나씩 차례대로 설명해 볼게요.

시간: 중독에서 벗어나는 데 필요한
절대적 시간, 90일

중독 극복을 위한 첫 번째 키워드는 바로 **'시간'**입니다. 중독의 극복에 있어서 가장 힘든 것은 아마도 '작심삼일', 자꾸만 흔들리는 결심일 겁니다. 이제는 정말로 끊고 싶고, 극복하고 싶어서 매년 새해에 굳은 결심을 하고 계획을 세우지만 항상 며칠을 버티지 못하고 실패하는 일이 많죠. 이러한 현상은 앞에서 소개한 '도파민 길' 때문이에요. 한번 생긴 쾌락의 경로가 여러분의 의지를 약하게 만드는 것이죠.

그렇다면 어떻게 해야 할까요? 당연히 해당 중독 행위에서 멀어져야 하겠지만 도대체 '언제까지' 그래야 할까요? 여기에 명확한 근거를 제시해 준 사람이 앞서 소개했던 미국 국립약물남용연구소 소장 노라 볼코우 교수입니다. 그녀는 코카인이라는 강력한 마약성 흥분제에 중독된 사람의 뇌를 연구하여 중요한 결과를 발표했어요. 마약에 중독된 사람의 뇌에서 이성적인 판단을 담당하는 전두엽 부위가 평상시에 제대로 활동하지 않고 있음을 관찰한 거예요. 그런데 마약을 끊고 시간이 지나자 전두엽 부위가 조금씩 활동을 하기 시작했어요. 우리네 표현으로 하자면 '제정신이 돌아왔다'고 할 수 있죠. 그렇게 시간이 지나서 **'90일'**이 되자 변화가 뚜렷이 보이기 시작했어요.

90일이 너무 길다고 느끼는 사람도 있을 거예요. 앞선 실험은 이성적인 판단을 하는 뇌의 부위를 측정한 것인데, 도파민 호르몬의 분비 수준을 확인한 다른 연구에서는 좀 더 짧은 4주라는 결과가 나왔어요. 이 실험 역시 볼코우 교수가 시행한 것이에요. 중독 약물을 끊고 2주가 지나도 정상 수준의 도파민 수치보다 낮은 상태였다고 해요. 금단 증세로 초조 불안이 아직 남아 있는 것이죠. 2주간의 절제로는 확실히 부족한 상태입니다. 그런데 4주가 되자 그러한 증세도 없어지고 정상화되었다고 해요. 알코올 중독 환자를 대상으로 했을 때 금주 후 4주가 지나자 80퍼센트의 사람들에게서 우울한 증세가 사라졌다고 합니다. 그러니 최소한 30일의 기간은 필요하다는 뜻이죠.

하지만 우리의 목표는 장기적인 성공과 극복이겠죠. 금단 증세가 사라지는 정도가 아니라 이성적으로 판단할 수 있는 능력까지 도달해야하니까요. 우리가 보통 새로운 습관을 만들기 위해서는 100일이 필요하다고 이야기하는데, 그것이 전혀 근거 없는 말이 아니에요. 중독 행위는 뇌 안에 자신만의 '도파민 길'을 만드는 데 수일에서 한 달이면 충분하지만, 그것을 극복하는 데는 최소한 90일, 약 3개월 동안의 노력이 필요하답니다. 금연의 경우를 이야기하면, 단기 금연 성공의 시점은 보통 '한 달'을 목표로 합니다. 하지만 상담을 종료하고 장기 금연 성공의 문턱에 들어섰다고 생각하는 시점은 '3개월'이 지나고부터예요. 물론 앞서 이야기했듯 언제든 재흡연의 위험성은 존재하지만요. 90일! 어떻게 보면 너무 멀게 느껴지는 시간이겠지만, 중독 극복을 위해서는 절대적으로 필요한 시간이랍니다.

장소: 중독 행위를 했던 장소에서 무조건 멀리 있기

중독 극복을 위한 두 번째 키워드는 바로 '장소'입니다. 금연 상담을 오랜 기간 해 온 경험을 바탕으로 생각해 보자면, 금연 중 재흡연을 하게 되는 가장 흔한 일상적 원인은 바로 예전에 흡연을 많이 했던 장소로 돌아가는 것이었어요. 이것은 실제 여러 연구를 통해 확인된 것이에요. 일터에서 흡연했던 사람은 금연 성공 이후에 똑같은 일터에 갔을 때 재흡연을 하게 되는 경우가 많다고 합니다. 청소년의 경우에는 흡연하는 친구들이 무리지어 있는 장소가 될 수 있겠죠. 게임 중독의 경우는 당연히 피시방 같은 장소겠죠? 스마트폰 중독의 경우는 특정한 애플리케이션을 여는 순간일 수도 있습니다.

앞서도 언급했던 '거리 마찰'을 떠올려 볼까요? 심리학자 웬디 우드 교수가 좋은 습관을 형성하는 가장 중요한 요소 중 하나로 '마찰력'을 이야기했어요. 그리고 가장 강력한 마찰이 '위치'라고 했죠. 즉, 중독에 빠졌던 장소로부터 멀리 떨어져 있는 것이 좋은 습관(중독 극복) 형성에 가장 중요한 요소라는 거예요.

어떻게 보면 누구나 아는 이야기처럼 쉽게 들릴 수 있어요. 하지만 중독에는 '강박'이라 부르는 특징이 있다고 했죠. 악마의 속삭임과 같이 그 행동을 하게끔 충동을 불러일으켜요. 여러분이 절대로 가까이 가지 않겠다고 다짐하더라도 어느 순간 여러분의 발걸음이 그곳으로 향하고 있을지 몰라요. 따라서 그 장소에 가지 않는 수준을 넘어서 무조건 '멀리' 떨어져 있어야 해요. 무의식중에 가려고 해도 물리적으로 가는 것이 불가능한 곳에 말이죠.

하나의 일화를 들려줄게요. 세계적으로 저명한 행동신경과학자이자 심리학자인 주디스 그리셀(Judith Grisel) 교수의 이야기입니다. 한국에서는 《중독에 빠진 뇌 과학자》라는 책으로 유명하죠. 그녀는 젊은 시절 한때 지독한 마약 중독자였어요. 하지만 엄청난 노력 끝에 마약 중독에서 벗어났고 대학원생이 되어 열심히 공부와 연구에 몰두하고 있었죠. 그렇게 마약에서 벗어난 지 2년이 넘은 시점에 실험용 쥐에게 실험용 약물을 주사로 주입하는 일을 하게 됐어요. 그런데 실험용 쥐에게 약물을 넣을 때 주사기 안에 맺힌 쥐의 피를 보는 순간, 갑자기 귀에서 소란스러운 종소리가 울리고 마약이 자신의 혈관을 타고 올라갈 때 입에서 느껴졌던 특유의 맛이 다시 올라왔다고 합니다. 수년 전 일인데도, 그리고 마약을 하고 싶은 생각이 전혀 없었음에도 단지 주사기 안에 피가 채워지는 그 현장에 있었다는 것만으로 그녀의 몸에서 즉각적인 반응이 일어난 것이었죠. 그녀는 자신의 기억 속에 남겨진 중독의 무서운 흔적에 너무 놀라 그 자리를 급히 뛰쳐나왔다고 합니다. 중독이 얼마나 무서운지 알 수 있는 일화입니다.

운동: 한국 청소년에게 가장 불리한 중독 극복 조건

중독 극복을 위한 세 번째 키워드는 바로 '운동'입니다. 앞서 도파민 길이 한 번 만들어지면 없어지는 데 어려움이 있다고 했죠. 그런데 그 길을 없어지게 만드는 효과적인 방법 중 하나는 '나쁜' 도파민 길을 대체할 '좋은' 도파민 길을 만드는 것이에요. 나쁜 습관을 좋은 습관으로 대체하는 것이죠. 물론 많은 노력이 필요한 것은 사실이에요. 그렇다면 어떤 습관을 시도하는 게 좋을까요? 제가 추천하는 것은 바로 운동입니다.

운동은 도파민을 포함해서 긍정적인 기분 조절과 관련된 여러 호르몬 분비를 증가시킵니다. 그런데 제가 운동을 추천하는 또 다른 중요한 이유가 있습니다. 바로 운동이 여러 가지 중독에 빠질 가능성을 줄여 주기 때문이에요.

실험용 쥐를 통한 연구가 있어 소개할게요. 약 6주 동안 쳇바퀴를 돌게 했던 쥐와 그렇지 않았던 쥐에게 코카인을 복용하게 했어요. 그 결과, 쳇바퀴를 돌았던 쥐의 경우 자율적으로 코카인 복용을 조절했고, 복용 횟수도 줄었다고 합니다. 이건 알코올을 포함해 다른 중독 물질에서도 동일하게 나타났다고 해요. 결론적으로 동물에게 강제적으로 운동을 시켰을 때 자발적인 중독 물질 복용 횟수에 감소가 있었다는 사실을 알 수 있습니다.

이건 실험용 동물에만 해당하는 것이 아니에요. 청소년부터 젊은 성인의 경우에도 동일하게 나타났어요. 이들에게 고강도의 신체 활동을 하게 했을 때 상대적으로 중독 물질에 대한 의존도가 감소했다는 보고가 있어요. 운동이 중독을 줄이거나 멈추게 하는 데 도움이 된다는 확실한 증거라 할 수 있습니다.

그런데 사실 한국의 청소년에게 운동이라는 조건은 매우 불리해 보입니다. 새벽에 일어나 곧바로 학교로 향해 늦은 밤까지 의자에 앉아 공부해야 하기 때문이죠. 또 제가 중고등학생이었던 시절과 비교해 보면 확실히 운동장에서 축구, 농구, 야구 등 몸으로 하는 놀이가 점차 줄어든 것 같아요. 밖에 나가기보다는 편하게 실내에서 인터넷 서핑이나 게임, 동영상 시청을 하기 마련이죠.

청소년뿐만 아니라 오늘날의 현대인들 모두 비슷합니다. 미국인의 경우 깨어 있는 시간의 절반을 앉아서 지내며, 이러한 시간은 50년 전보다 무려 50퍼센트나 증가한 수치라고 합니다. 이것은 중독의 관점에서 보면 매우 불리한 상황입니다. 중독을 방어해 줄 신체 활동이 그만큼 줄어들었기 때문이에요. 반면에 인터넷 중독 등 주변에 위험한 중독 행위들은 너무나 많아진 것이 현실입니다.

그렇다 하더라도 우리 함께 운동을 일상의 시간표 속에 넣어 봅시다. 시간이 없어서 못하겠다는 사람들이 있을 겁니다. 운동의 중요함을 절실하게 깨닫지 못했기 때문이에요. 운동은 너무나 중요하고 또 중요합니다. 어떻게 해야 하는지 모르겠다고요? 기본적인 원칙만 잘 지킨다면,* 그렇게 어렵지는 않습니다.

우선 어떤 운동이든 골고루 하는 것이 제일 중요하겠죠. 예를 들면 유산소 운동과 근력 운동, 그리고 장력 운동(스트레칭 등)을 20분씩 나누어서 하는 것입니다. 또한 마치 밀린 숙제를 하듯 한 번에 몰아서 하는 것보다 일주일에 3일 정도 운동하는 날짜를 정해서 하는 것이 좋겠죠. 그리고 운동은 즐겁고 재미있게 하는 것이 중요하답니다. 그러려면 혼자 하는 것보다 친구나 가족과 함께 하는 것이 낫겠지요? 또

---

* 《회복탄력성:시련을 행운으로 바꾸는 마음 근력의 힘》, 김주환 지음, 위즈덤 하우스, 2019, 252~256쪽.

한 어떤 운동이든 리듬이 있는 운동이 좋다고 합니다. 정적인 운동은 마치 숙제를 하는 듯 지루할 수 있습니다. 리드미컬한 동작이 들어간 운동을 시도해 보세요. 그 외에도 날씨와 장소 및 시간 때문에 어쩔 수 없는 날을 제외하고는 가능하다면 실외에서 햇빛 아래 운동을 하길 추천합니다. 햇빛을 쬐는 것만으로도 우울증에 탁월한 효과가 있다고 알려져 있으니까요. 무리하지 않는 선에서 규칙적인 운동으로 일상에 활력을 불어넣기를 바랍니다.

중독 극복의 기본 원칙 ABC

앞에서 '중독 극복의 3박자 ─ 시간, 장소, 운동'을 소개했어요. 이 3가지를 기본으로 해서 집중하는 것이 가장 중요해요. 이것을 포함해서 중독을 극복하는 데 도움이 되는 기본 원칙들을 정리해 줄게요.

1. 중독에서부터 스스로를 멀리하라!
2. 보호 요인을 키우고 위험 요인을 최소화하라!

3. 주변에 도움을 '선포'하라!

4. 중독 상태임을 '인정'하는 것을 두려워하지도, 부끄러워하지도 말아라!

5. 건강한 습관(운동)으로 빠르게 대체하라!

6. 안정된 환경과 규칙적 생활이 매우 중요하다!

7. 지루하다, 불행하다, 스트레스 많다 등 3가지 위험한 생각에서 벗어나자!

 생각해 봅시다

1. 중독에 빠진 청소년이 그로부터 벗어나기 위해 가장 필요한 것은 무엇일까요?

2. 평소에 운동이나 산책처럼 몸을 사용하는 활동을 얼마나 하는지 써 보세요.

3. 청소년에게 운동할 시간이 부족한 것이 중독에 어떤 영향을 줄 수 있을까요?

중독은 아니지만,
나쁜 습관을 좋은 습관으로
바꿀 방법이 있을까요?

네, 당연히 있죠.
그건 의지력보다
습관 자체에 기대야 합니다!

좋은 습관을 형성해 줄

'안정-마찰력-신호-보상-반복'을

실천해 보세요!

"선생님, 그럼 나쁜 습관 말고 좋은 습관을 지닐 방법 좀 가르쳐 주세요."

네, 그럼요, 얼마든지 가르쳐 드릴게요. 저는 이런 질문을 받을 때마다 너무 기쁘답니다. 왜냐하면 이러한 질문을 한다는 것 자체가 긍정적인 변화를 시도할 마음이 있다는 뜻이니까요. 중독된 사람들은 보통 이런 마음조차 없는 경우가 많거든요. 이를 뒷받침할 연구 결과가 있어요. 대표적인 진통제 마약(아편 계열)에 중독된 사람들의 경우 스스로 기대하는 미래가 평균 '9일'이었다고 합니다. 그에 반해 건강한 사람들은 평균 '4.7년'으로 나타났어요. 정말 엄청난 차이죠. 이것은 중독된 사람이 미래에 대한 시야가 얼마나 좁은지를 보여 줍니다.

좋은 습관에 대한 기대, 그리고 그 기대를 채우기 위한 노력이 미래의 자신에게 가져다 줄 긍정적인 효과를 기대

할 줄 아는 능력! 이것이 중독에서 벗어나는 가장 중요한 출발선이라 할 수 있을 겁니다. 어떻게 보면 중독된 사람들은 마치 일주일만 사는 사람처럼 행동하는 듯합니다. 여러분은 어떤가요? 그들처럼 바로 눈앞의 미래만 내다보면서 책임감 없이 행동하는 건 아닌지 곰곰이 생각해 보아야 합니다.

미래에 대한 기대를 품고 그것을 위해 오랜 기간 좋은 습관을 유지하려 노력했던 대표적 인물이 바로 미국 프로 야구 메이저리그에서 활동 중인 야구 선수 오타니 쇼헤이 (1994년생)입니다. 그가 유명해진 것은 놀라운 야구 실력 덕분이기도 하지만, 성공하기까지 그가 실천했던 '만다라트 (manda+la+art, 목적을 달성하는 기술) 기법'이 큰 역할을 했습니다. 이것은 일본의 디자이너 마쓰무라 아스오가 개발한 것으로, 자신이 정말로 이루고 싶은 최종 목표를 기준으로 그것을 위해 실천해야 할 계획들을 명확히 하는 것입니다. 오타니 쇼헤이의 만다라트 기법을 활용한 표는 매우 유명하죠. 최고의 야구 선수가 되기 위해 8개의 세부 목표를 정했는데, 그중 매우 주목할 만한 2가지 목표가 있어요. 그것은 바로 '인간성'과 '운'이에요. 운동만 잘해서는 절대로 최고의 야구 선수가 될 수 없다고 생각한 것이죠. 아래에 각각의 목표를 얻기 위한 그의 세부 실천 계획을 적어 보았어요. 꼭 한 번 읽어 보고 곰곰이 생각해 보았으면 해요.

- **인간성** : 사랑받는 사람, 계획성, 감사, 지속력, 신뢰받는 사람, 예의, 배려, 감성
- **운** : 인사하기, 물건을 소중히 쓰자, 긍정적 사고, 응원받는 사람, 책 읽기, 심판을 대하는 태도, 야구부실 청소, 쓰레기 줍기

가장 눈에 띄는 것 중 하나가 바로 '쓰레기 줍기'예요. 지금도 오타니 쇼헤이 관련 영상을 찾아보면 경기장에서 자주 쓰레기를 줍는 모습을 목격할 수 있어요. 그에게 쓰레기는 더러운 물건이 아니라 자신에게 행운을 가져다줄 선물이었던 것이죠. 남들이 꺼리는 쓰레기를 대하는 긍정적인 사고와 꾸준한 실천이 지금의 그를 만들지 않았을까요?

자, 그럼 이제부터 어떻게 하면 나쁜 습관을 버리고 좋은 습관을 지닐 수 있는지 아주 구체적인 방법을 소개할게요.

좋은 습관, 의지가 아니라 습관 자체에 기대자!

여러분, 우리의 일상은 얼마나 많은 습관으로 이루어졌을까요? 모든 행동이 생각을 거친 다음에 이루어지지 않는다는 것은 잘 알고 있을 겁니다. 그런데 그중 얼마나 많은 부분이 습관적인 행동으로 이루어졌을까요? 한 연구에 따르면 우리의 삶은 무려 43퍼센트가 습관으로 이루어져 있다고 합니다. 물론 여기에는 중독뿐만 아니라 나쁜 습관, 그리고 좋은 습관까지 포함되어 있을 겁니다.

자, 그렇다면 이렇게 많은 습관 중에 나쁜 습관을 어떻게 좋은 습관으로 바꿀 수 있을까요? 미국의 심리학자 웬디 우드 교수는 저서 《해빗(Habit)》에서 아주 중요한 지점을 강조합니다. 그것은 절대로 '의지력'만으로는 습관을 바꾸기 힘들다는 점이에요. 의지력에만 기댄다면 고민 끝에 결정하고, 다짐하고, 실천하지만 결국 실패하고, 고통 받고, 갈등하고, 후회하고, 다시 고민하는 악순환에 빠진다고 보았어요. 실제로 미국에서 다이어트에 실패한 사람의 81퍼센트가 '자신의 의지 부족'을 실패의 원인으로 지목했다고 하죠. 거의 4분의 3에 해당하는 사람들이 자신의 의지력 탓을 한 것이죠. 여러분도 예외는 아니라 생각합니다.

따라서 우드 교수는 가장 중요한 성공 방법으로, 의지력에 기대는 것이 아니라 바로 '습관' 자체에 기댈 때 좋은 습관을 얻을 수 있다고 강조합니다. 왜냐하면 습관은 억지로 좋은 행동을 할 필요 없이 자동적으로 발생하기 때문이죠. 그녀는 습관은 의식이 작동할 틈을 주지 않는다고 말합니다. 즉, 체중 감량을 목적으로 '달리기'를 하겠다는 의지를 불태우는 것보다, 같은 시간에 같은 장소를 반복적으로 꾸준히 달린 사람이 결국 달리기를 지속하는 승자가 된다는 말이에요. 반복된 행동으로 뇌를 재설계하는 것이죠. 우리 모두가 의지력에 불타는 독종이 될 수는 없어요.

우드 교수는 특별한 계획이나 심사숙고 없이 어떤 행동을 반복적으로 지속할 때 습관은 형성된다고 말합니다. 이것을 좀 더 멋지게 표현하면 이렇습니다. "상황에 통제권을 넘겨줘라!"*

* 《해빗(Habit): 내 안의 충동을 이겨내는 습관 설계의 법칙》, 웬디 우드 지음, 김윤재 옮김, 다산북스, 2019, 233쪽.

좋은 습관을 뿌리내리는 5단계 실천 방안

지금부터 소개하는 이야기는 우드 교수가 추천한 방법*
이에요. 5단계로 이루어졌는데, 저도 실제로 활용하면서 많
은 도움을 받았어요. 간단하게 **'안정-마찰력-신호-보상-반복'**
으로 정리할 수 있습니다.

우선, **안정!** 좋은 습관을 만들기 위해서는 가장 먼저 항
상 안정적으로 유지되는 상황을 만들기 위해 노력해야 한다
는 뜻입니다. 이것은 "우리가 처한 환경이 곧 힘이다"라는 의
미를 가지고 있어요. 나쁜 습관, 나아가 중독은 개인의 선택
일 수도 있지만 많은 경우에 그러한 선택을 할 수밖에 없는
환경에 처해 있기도 해요. 그래서 우드 교수는 가장 먼저 "자
신을 용서하라"고 충고를 합니다. 그리고 자신이 살고 있는
현재 주변 상황을 정확히 평가하고 좋은 습관이 형성될 수
있도록 재배치하는 겁니다. 우리는 자신에게 불리한 중독과
의 게임 법칙을 깨닫지 못하는 것 같아요. 자신의 부족한 의
지력만 탓하면서요. 공부를 위해 어지럽혀진 책상을 먼저

---

* 《해빗(Habit): 내 안의 충동을 이겨내는 습관 설계의 법칙》, 웬디 우드 지음, 김윤
재 옮김, 다산북스, 2019, 232쪽.

치우듯이, 안정적으로 좋은 습관을 형성할 수 있도록 주변 정리가 가장 먼저 이루어져야 합니다.

다음으로 **마찰력!** 적절한 곳에 목표를 달성하는 데 도움이 되는 '마찰력'을 배치하는 겁니다. 스마트폰 중독의 경우, 시간 가는 줄 모르고 유튜브 영상을 보는 것을 생각해 볼까요. 이전에 보았던 영상들과 유사한 영상들을 알고리즘으로 분석해서 끊임없이 제공해 주는 유튜브 채널의 특성, 그리고 손가락 하나로 스마트폰 화면을 당겼다 놓기만 하면 새로운 영상들이 제공되는 기능 등이 바로 나쁜 습관에 빠지게 하는 '낮은 마찰 전략'입니다. 정말 시간을 '순간 삭제'시키는 전략이죠. 하지만 만약 인터넷 연결이 제한된 장소에서 영상 하나를 불러오는 데 10분 이상의 시간이 걸리거나 영상이 계속 끊긴다면 그것은 나쁜 습관에 빠지는 걸 방해하는 '높은 마찰'입니다. 실제로 신용카드를 사용하지 않고 현금만을 가지고 다니며 계산이 불편해지도록 만들었을 때 무려 30퍼센트 가까이 지출이 줄었다는 연구도 있어요. 마찰력 전략이 습관에 얼마나 큰 영향을 주는지 잘 알겠죠?

세 번째, **신호!** 3단계는 특정한 행동을 반복하게 만드는 자신만의 '신호'를 발견하는 거예요. 최대한 습관이 일관되게 유지될 수 있도록 자연스러운 동선이나 익숙한 장소 등을 활용하는 겁니다. 예를 들면, 아침에 일어나서 가장 먼저 해야 하는 일들이 눈에 잘 띌 수 있게 배치하거나 알람 등의 기능을 활용하는 겁니다. 또는 '상황 신호'처럼 특정한 때와 장소에서 해야 할 일들을 자연스럽게 진행할 수 있도록 순서를 정해 둘 수도 있죠. 저는 연구실에 출근할 때 문을 열고 들어서면 바로 불을 켜고, 창문을 연 다음, 컴퓨터를 켜고, 생수를 받아 와서 커피 포트에 물을 넣습니다. 이어서 커피 가루를 준비하고 따뜻한 커피를 만듭니다. 이어서 컴퓨터에서 다른 어떤 것도 열지 않고 가장 먼저 연구 폴더를 클릭합니다. 완성된 커피를 마시면서 작성해야 할 원고 파일을 엽니다. 그렇게 다른 어떤 것에도 주의를 뺏기지 않기 위해 연구실이라는 공간에 들어오면 연쇄적으로 해당 순서에 따라 행동하면서 맑은 정신으로 집필을 시작합니다. 이메일을 읽거나 스케줄 정리를 하는 것은 집필한 지 2시간이 지난 시점부터 시작하고 그전에는 절대로 손을 대지 않습니다. 이렇게 아침마다 나름의 루틴을 시행할 수 있도록 상황에 적응하고 있습니다. 먼저 생각해서 다음 행동을 결정하는 것이 아니라 각각의 행동이 다음 행동의 자연스러운 신호가 되도록 하는 것이죠.

네 번째, **보상!** 자신에게 '신속하게' 보상해 주는 것으로, 그 보상을 항상 '기대 이상'으로 하는 것입니다. 보상은 마치 자동차의 연료와도 같습니다. 중독을 일으키는 도파민 호르몬을 다른 것으로 채워 주는 것이죠. 우리 뇌는 도파민이 분비된 후 1분 이내에 습관 학습이 빨리 이루어지도록 만든다고 합니다. 즉각적으로 뇌가 보상을 인식하게 만들면 효과적이라는 것이죠. 우드 교수가 제안한 이러한 즉각적 보상으로는 행동 자체에 대한 '보람' 또는 '재미 요소'도 포함되어 있습니다. 지금 하는 행위가 보람과 흥미를 즉각적으로 주는 것이라면 계속 지속될 가능성도 커지는 것이죠. 그리고 보상이 예측한 것보다 더 크거나 전혀 기대하지 못했던 보상일 때 그 효과가 더 크다고 합니다. 방 청소를 하면 부모님이 용돈을 주기로 했는데, 청소를 마치자마자 부모님이 그 즉시 생각보다 좀 더 많은 용돈을 주셨다고 생각해 봅시다. 정기적으로 청소하기를 바라는 부모님의 요청을 더 쉽게 받아들일 수 있지 않을까요?

마지막으로 **반복!** 즉, 앞의 4가지 과정을 좋은 습관이 형성될 때까지 반복하는 겁니다. 물론 그게 언제인지 무척 궁

금할 거예요. 짧게는 3주라는 주장도 있지만, 실제로는 터무니없이 짧은 기간이에요. 우드 교수는 최소한 '2달' 이상의 기간이 필요하다고 말합니다. 적어도 이 기간 동안 좋은 습관이 자동적으로 이어질 수 있도록 반복하는 것이 필요합니다. 고민할 시간이나 여지를 두지 않고 지속해서 반복한다면, 점점 그 반복이 좋은 습관으로 변할 겁니다.

좋은 습관, 나를 보호해 주는 안전망!

지금까지 소개한 좋은 습관을 형성하는 방법들을 모두 이해했나요? 고민만 많이 하고 실천을 미룰수록 좋은 습관은 여러분 곁에서 자꾸 더 멀어질 겁니다. 지금 당장 주변을 정리하고 긍정적인 신호들로 여러분의 환경을 재배치해 보세요. 그리고 더 이상 고민하지 말고 바로 몸을 움직여 보세요.

그렇다고 해서 이것이 모든 것을 자동적인 반복에 맡기라는 뜻은 아니에요. 좋은 습관을 통해 일상에서 고민하고 절망하는 시간을 줄이는 게 가장 중요합니다. 그렇게 생긴 일상의 여유를 여러분의 삶에서 진정 중요한 것이 무엇인지 탐구하는 데 활용하면 어떨까요? 아리스토텔레스는 "우리는 우리가 반복적으로 행하는 그 무엇이다. 따라서 탁월함이란 행동이 아니라 습관이다"라고 했어요. 여러분이 나쁜 습관, 나아가 중독 행위에서 벗어나서 좋은 습관으로 일상이 좀 더 채워진다면 자신이 바라는 당당한 나의 모습에 한 발짝 더 가까워지지 않을까 싶습니다.

끝으로 동일한 행동의 반복이 일상에 얼마나 큰 안전망이 될 수 있는지를 소개해 보려 합니다. 간단한 행동의 반복이 스트레스 적응에 어떤 역할을 하는지 확인해 본 실험이 있었어요. 해당 실험에서는 사람들에게 "주먹을 쥔 뒤 다시 주먹을 펴고 그다음 3번 심호흡을 한 뒤 눈을 감고 5초간 서 있는 동작을 집에서 반복 연습해 보세요"라고 가르쳐 주었어요. 이렇게 단순한 행동을 반복했던 사람들에게서 작은 실수와 실패에 심각하게 반응하지 않는 튼튼한 마음 근력이 생겼다고 합니다. 중독의 가장 큰 이유로 스트레스를 이야기하지만, 이렇게 의미 없어 보이는 행동을 마치 하나의 의식처럼 습관으로 만들기만 해도 여러분을 보호해 주는 힘이 생긴답니다. 청소년 여러분, 지금부터 여러분을 위한 자신만의 건강한 의식을 만들어 봅시다. 건투를 빕니다!

생각해 봅시다

1. 여러분은 습관을 바꾸기 어려운 가장 큰 이유가 무엇이라고 생각하나요?

2. 우리의 일상 중 습관이 차지하는 비율이 얼마인지 하루를 기준으로 생각해 보세요.

3. 좋은 습관을 만드는 나만의 비법이 있다면 친구 혹은 부모님과 함께 이야기해 보세요.

중독의 핵심, 한눈에 보기!

1. 좋아하고 많이 하면 모두 중독인가요?

중독은 '무엇을', '얼마나' 하느냐, 그리고 '주변 사람'과의 관계가
중요합니다!

2. 습관하고 중독하고 뭐가 다르죠?

중독은 '충동, 불만족, 초조 불안'이라는 특징을 지니고 있어요. 순
간의 쾌감보다 일상의 여유를 즐길 줄 아는 것이 건강합니다.

3. 어쩌다 한 번씩 빠져드는 것도 중독인가요? 전 조절할 수 있는데도요?

중독은 악마의 속삭임 같은 것이에요. 한번 빠지면 뇌가 고장 나
기 쉬워요.

4. 중독을 왜 그렇게 위험하다고 하죠?

중독은 해야 할 이유가 없이도 하게 되고, 점점 더 위험한 것을 찾
게 만드는 위험한 질병이기 때문이에요. 호기심에, 심심해서, 스
트레스 때문에 쉽게 시작할 수 있지만, 결국 더 큰 고통이 따라온
답니다.

5. 중독이 청소년에게 왜 그렇게 나쁘다고 하죠?

청소년의 뇌는 중독에 쉽게 빠지고, 또 손상을 받을 수 있기 때문
이에요. 뇌가 한창 발달하고 미래를 준비할 시기인 청소년 시절
에 특히 중독에 주의해야 합니다.

6. 중독되기 쉬운 것들이 따로 있나요?

그 자체로 중독성(예. 흡연)이 강한 것도 있고, 환경에 의해 청소년이 쉽게 빠지기 쉬운 중독 행위들(예. 인터넷 중독)도 있어요. 중독의 종류와 상관없이 그것과 너무 '가까이' 있으면 위험합니다.

7. 인터넷/스마트폰 좀 많이 한다고 위험한가요?

인터넷은 다양한 중독 행위(특히, 도박)에 빠져들 수 있는 블랙홀이에요. 이제는 하루 인터넷 접속 시간이 그 사람의 인생을 결정할지도 모릅니다.

8. 중독에 잘 빠지는 유형이 있나요?

환경도 그만큼 중요하답니다. 너무 자극적인 것을 시도해서도, 또 지나치게 많이 정기적으로 해서도 안 됩니다.

9. 한번 중독되면 다시는 끊어낼 수 없나요? 방법을 알려주세요.

끊어낼 수 있습니다. 다만, 재발할 위험도 큰 게 사실이에요. 시간(90일), 장소(멀리하기), 운동(반드시), 이 3가지를 꼭 지켜주세요.

10. 중독은 아니지만 나쁜 습관을 좋은 습관으로 바꿀 방법이 있을까요?

의지력보다 습관 자체에 기대야 합니다! 좋은 습관을 형성해 줄 '안정-마찰력-신호-보상-반복'을 실천해 보세요!

알고
십대
05

자꾸 생각나면 중독인가요?

초판 1쇄 발행 2024년 1월 19일
초판 3쇄 발행 2024년 8월 15일

지은이 김관욱
그린이 김예지
펴낸이 홍석
이사 홍성우
인문편집부장 박월
책임 편집 박주혜
편집 조준태
디자인 디자인잔
마케팅 이송희·김민경
제작 홍보람
관리 최우리·정원경·조영행

펴낸곳 도서출판 풀빛
등록 1979년 3월 6일 제2021-000055호
주소 07547 서울특별시 강서구 양천로 583 우림블루나인비즈니스센터 A동 21층 2110호
전화 02-363-5995(영업), 02-364-0844(편집)
팩스 070-4275-0445
홈페이지 www.pulbit.co.kr
전자우편 inmun@pulbit.co.kr

ISBN 979-11-6172-905-3 (44330)
       979-11-6172-842-1 (세트)